Moineaux . l'Huillier . Burani

23916

LA
CHANSON
AU
CONCERT

A. Ben, Busnach, Duhem, Laroche, Durbec, Chaulieu, etc.

Villemer, Delormel, Beaumaine, Blondelet, d'Herville,

PARIS
LE BAILLY, LIBRAIRE
ÉDITEUR DE MUSIQUE
Rue de l'Abbaye-St-Germain-des-Prés, 2 bis.

E. Ducret. Villarfranc, Fuchs,

120

LA CHANSON

AU

CONCERT

LE PRINTEMPS DES AMOURS

LA
CHANSON AU CONCERT

RECUEIL CHOISI

DES PLUS JOLIES CHANSONS, ROMANCES, SCÈNES COMIQUES, CHANTS PATRIOTIQUES

CHANTÉS

DANS LES CONCERTS EN VOGUE DE PARIS :

ELDORADO, SCALA, ALCAZARS, CONCERT-PARISIEN, XIXᵉ SIÈCLE, AMBASSADEURS, CHALET, HORLOGE, ETC.

NOUVELLE ÉDITION ILLUSTRÉE

Publiée avec la collaboration des meilleurs auteurs et compositeurs lyriques ; parsemée d'épigrammes et quatrains satiriques,

ET AUGMENTÉE DE

CHANSONS EN MUSIQUE

LB

PARIS

LE BAILLY, ÉDITEUR

rue Cardinale, 6, et rue de l'Abbaye, 2

TABLE ALPHABÉTIQUE

LA CHANSON

AU

CONCERT

LE PRINTEMPS DES AMOURS

ROMANCE

Interprétée par SARRUS, au XIXᵉ Siècle

Paroles de VILLEMER et FUCHS
Musique de Paul COURTOIS

*La musique se trouve chez LE BAILLY, Éditeur,
rue Cardinale, 6, à Paris.*

Te souvient-il du beau jour, Madeleine,
Où nous avons, comme deux fiancés,
Dans le grand bois, sur l'écorce d'un chêne
Gravé nos noms, l'un à l'autre enlacés.
Deux rossignols cachés dans le feuillage
En gazouillant volaient autour de nous
Et semblaient dire, en leur tendre langage :
C'est le printemps, mes enfants, aimez-vous.
    L'arbre grandit, la feuille pousse
    Et l'écorce garde toujours
    Nos deux noms habillés de mousse
    En souvenir (*bis*.) de nos amours.

De ce beau jour te souvient-il, mignonne ?
Qu'il faisait bon à courir dans les blés !
Comme il brillait ton front sous sa couronne
De gros bluets arrachés dans les prés !
Puis, au retour, comme sur mon épaule
Ta tête aimait gaîment à se poser !
Du grand étang nous comptions chaque saule
En échangeant sous chacun un baiser.
      L'arbre grandit, *etc.*

De mon bonheur voici l'anniversaire,
Et je reviens comme au dernier printemps
Revoir encor le chêne séculaire
Où sont gravés nos noms et tes serments.
Rien n'est changé: de l'aubépine blanche
Je sens dans l'air les parfums les plus doux ;
Le rossignol, lui-même, est sur sa branche ;
Mais, moi, je viens tout seul au rendez-vous.
      L'arbre grandit, *etc.*

Ah ! dans ton cœur qui sait, belle oublieuse,
Si le passé ne s'éveillera pas ?
A l'arbre alors tu reviendras rêveuse,
Et chercheras la trace de nos pas.
Mais tout sera de glace à ton passage:
Le rossignol, en te voyant venir,
Indifférent, cessera son ramage ;
Tout sera mort, tout, jusqu'au souvenir !
      L'arbre grandit, *etc.*

LE PIED DE GRUE

SCÈNE COMIQUE

Exécutée par BERTHELIER au théâtre des Variétés

Paroles de **Jules MOINEAUX**

Musique de Marc CHAUTAGNE.

La musique se trouve chez L. ESCUDIER, Éditeur,

rue de Choiseul, 21, Paris.

Rose, ma Dulcinée,
Avant l'heure sonnée
Convenue entre nous,
J'étais au rendez-vous.
Déjà deux fois l'horloge,
Cruel martyrologe,
A tinté comme un glas
Et tu n'arrives pas.
Mon manteau, de la neige,
A peine me protège ;
Mon chapeau, gueux de temps !
Pivote à tous les vents.
J'ai l'œil sans conscience,
Le nez sans connaissance,
Et pourtant, ô mon Dieu !
J'ai le cœur tout en feu.

Mes lèvres sont glacées,
Bigre ! fichtre ! peste !
Et mes bottes percées.
A moi douces pensées,
Bigre ! fichtre ! peste !

Deux heures de passées.
Pour mieux patienter,
Bigre ! fichtre ! peste !
Mes hardes traversées ;
Pour mieux patienter,
Bien que grelottant, essayons d'chanter.

(*Parlé.*) On vient... oh ! mon cœur... c'est-
elle !... non, c'est un Auvergnat.

(*En soufflant dans ses mains,*
Tra la la la la la tra la la la
J'ai le nez gelé.

Le vent cingle et redouble,
Je me tiens tout en double,
Mon nez a la couleur
De la Légion d'honneur.
Pour conserver ma flamme
Dans le fond de mon âme,
Malgré mon rude effort,
Ah ! je sens qu'elle en sort.
Mon rêve de tendresse,
De s'envoler s'empresse,
Je rêve en grelottant
Spitzberg et Groënland,
Ou bien, moi, je m'enrôle
Pour le voyage au pôle,
Par la Bérésina
Et le Kamtchatka.

Mes dents, quelle torture !
Bigre ! fichtre ! peste !
Claquent en mesure,
La bise vive et dure,
Bigre ! fichtre ! peste !

Coupe la figure.
Mais qu'est-ce que ceci?
Joie, amour, espoir!
C'est une voiture,
C'en est une, merci.
Ah! c'est le bonheur qui vient par ici.

(*Parlé.*) Oh! mon cœur, tais-toi. Sapristi!
c'est mon propriétaire à qui je dois cinq termes.

(*En soufflant dans ses mains*).

Tra la la la la la tra la la
    J' suis à moitié g'lé.

Deux heures dans la rue
Faire le pied de grue
Sur le pavé glacé :
Je suis un peu vexé.
Le pied!... j'aï dit la chose
Car un seul, je le pose,
Et droit comme un bâton
J'ai plus l'air d'un héron.
Ce froid où je m'expose
Est un temps je suppose
Très-beau pour les ours blancs,
Mais pas pour les amants.
Mon feu baisse, à la lettre,
Avec le thermomètre
Du savant lunetier
L'ingénieur Chevalier.

Ma belle, qui t'arrête?
Bigre! fichtre! peste!
L'horrible tempête.
Bon! en plein sur la tête!
Bigre! fichtre! peste!

1.

C'est fort malhonnête.
Eh ! là-haut ! c'est donc **vous**
Qui m'arrosez ainsi ?
Vieille et stupide bête !
Je suis propre, entre nous,
Bien accommodé pour un rendez-vous.

(*Parlé*.) C'est elle! oh! amour... non c'est une
patrouille. — Qu'est-ce que vous faites là ? — Ce
que je fais là, sergent, mais... — Allons ! au poste.
— Comment, au poste?.. permettez, sergent, j'é-
tais là... j'attendais... en chantant... (*Il éternue*.)

(*En soufflant dans ses mains*.)
Tra la la la la la tra la la
Bonsoir! j' vais m' coucher.

UN MOT DE BICHE

Un certain soir, des biches de la haute
   Festoyaient dans un restaurant :
— De nous griser ne faisons pas la faute,
   Dit l'une, et tenons notre rang !
   Alors que nous sommes en noces,
   Ne luttons que de gais propos,
   Car si nous nous donnions des bosses...
On nous prendrait pour des chameaux !

POINCLOUD,
Membre du Caveau.

LE CENTENAIRE

DE VOLTAIRE

30 *Mai* 1878

Paroles d'Étienne DUCRET

Air de *La Colonne.*

En ce beau jour, où notre République,
En déployant ses nobles étendards,
Pour conquérir un laurier pacifique,
Ouvre au Travail, à l'Industrie, aux Arts
Son fraternel Palais du Champ-de-Mars.
Pour acclamer ton nom dont elle est fière,
 La France heureuse, oubliant ses revers,
    A convié tout l'univers
    A ton CENTENAIRE, ô VOLTAIRE !

C'est qu'en traçant tes immortels chefs-d'œuvre,
De ton burin le tranchant acéré
De *Machiavel* abattit la couleuvre ;
C'est que par toi le bon Sens éclairé
Trouve du Vrai le flambeau plus sacré ..
Zaïre, Œdipe et ton *Dictionnaire,*
Brutus, Mérope et mille autres fleurons
    Rayonnent sur les écussons
    Du CENTENAIRE de VOLTAIRE !

Toi qui dotas la nièce de *Corneille ;*
A nos savants, ô Toi qui révélas
Newton, Shakespeare et plus d'une merveille!
Quand un laquais te bâtonnait, hélas!
Tu sus venger et Labarre et *Calas...*

Pour te bénir entr'ouvrant leur suaire,
Au PANTHÉON *Jean-Jacque* et *Mirabeau*
    Applaudissent dans leur tombeau
    Le CENTENAIRE de VOLTAIRE !

Honneur à toi, poëte-patriarche !
Tout en chantant le héros du Pont-Neuf,
Aux *Libertés* ta plume ouvrit la marche :
Ton cri puissant, mieux que Gracchus-Babeuf,
Nous affranchit avec Quatre-vingt-neuf !
Le *Roi-Soleil*, la *Ligue* sanguinaire
Et la *Bastille* où tu gémis, martyr,
    N'existent plus qu'en souvenir
    Au CENTENAIRE de VOLTAIRE !

De ton vivant, sans morgue, sans astuce,
Vers l'*Idéal* on s'élançait en chœur...
Grâce à Voltaire, avec le *roi de Prusse*
A coups de vers bataillant de bon cœur,
L'esprit français à Berlin fut vainqueur.
Que nos rivaux apaisent leur colère,
Et qu'avec nous les fils de Genséric
    Viennent trinquer à *Frédéric*,
    Au CENTENAIRE de VOLTAIRE !

Oui, comme nous, l'Étranger te salue,
O philosophe, ô roi des beaux esprits,
En admirant l'énergique statue
Que t'a dressée au cœur du vieux Paris
Un peuple ému de tes mâles écrits...
Avec orgueil, tant que sur cette Terre
Du vrai Génie un éclair brillera,
    L'Humanité célébrera
    Le CENTENAIRE de VOLTAIRE.

A VOLTAIRE
A ROUSSEAU !

Pour leur Centenaire, pour la
FÊTE NATIONALE DE LA PAIX
Et l'Anniversaire de ROUGET DE L'ISLE
(30 JUIN 1878)

Paroles d'Étienne DUCRET
Air du *Chant du départ.*

Pour qui ces chants, ces feux, ces arceaux, ces ban-
    Ces groupes d'Anglais, de Germains,   [nières.
Russes, Grecs, Ottomans, avec nous, en bons frères,
    Dans Paris se serrant les mains ?...
    —De la PAIX c'est la bienvenue...
    Fidèle, ô FRANCE, à ton appel,
    C'est le monde entier qui salue
    Les deux *phares* de ton beau ciel !

    Pour célébrer leur CENTENAIRE,
    D'où surgit un monde nouveau,
    Offrons la couronne à VOLTAIRE,
    La palme à Jean-Jacques ROUSSEAU. } *bis*

A Voltaire, à Rousseau, Français, rendons hommage :
    Nous leur devons des jours meilleurs ;
Depuis *Quatre-vingt-neuf,* sortis de l'esclavage,
    Bourgeois, manants et travailleurs
    Ne sont plus les *bêtes de somme,*
    Les *serfs* du pouvoir féodal...
    Qui déclara les *Droits de l'Homme ?*
    — Ce fut le *Contrat-Social !*

    Pour célébrer leur Centenaire, *etc.*

Renversant du Passé les Idoles d'argile,
  Sapant les abus, les erreurs,
Répétant aux Humains ce cri de l'*Evangile* :
  « *Justice, Amour, Paix aux bons cœurs !*
  Rousseau, vaillante sentinelle,
  Fut l'apôtre persécuté
  De l'*Égalité* fraternelle,
  Voltaire, de la *Liberté !...*

  Pour célébrer leur Centenaire, *etc.*

Et vous, Peuples divers, que la France convie,
  Sans *mitrailleuse* et sans *canon,*
A cueillir les lauriers des Arts, de l'Industrie,
  Pour cimenter notre Union,
  Crions : « *Anathème à la Guerre!...* »
  Que, dans nos sublimes combats,
  L'ombre de Rousseau, de Voltaire
  Enlace nos cœurs et nos bras...

  Pour célébrer leur Centenaire, *etc.*

Morts illustres, Savants, Poëtes qu'on admire,
  Artistes de tous les pays :
Gutemberg, Washington, Franklin, Dante, Shakes-
  A nos *Etoiles* réunis,   [*peare.*
  Descendez des célestes sphères,
  Le front ceint d'*immortalité,*
  O guérisseurs de nos misères,
  Bienfaiteurs de l'*Humanité.*

  Que notre France hospitalière
  Vous décerne, en ce jour si beau,
  La couronne comme à Voltaire,
  Et la palme comme à Rousseau !

Air de la Marseillaise.

Mais quelle voix à notre Fête
Vient mêler ses mâles accents ?
C'est *Rouget de l'Isle* qui jette
Son défi terrible aux Tyrans !   (*Bis.*)

Quand tout sourit, quand tout s'apaise
Sous le niveau républicain,
Changeons en fraternel refrain
Le tocsin de la *Marseillaise...*

REFRAIN.

Bourgeois et travailleurs, en *Classe*, mes amis.
Qu'enfin le *Livre* et les *Outils*
Désarment les *Fusils...*

LE DEMI-MONDE

A ce milieu galant qu'on aime... mais qu'on fronde,
Pourquoi donc donna-t-on le nom de demi-monde ?
C'est, dit un chroniqueur au langage égrillard,
Qu'en ce monde léger, la moitié... fait le *quart !*

POINCLOUD,
Membre du Caveau.

DANS UN P'TIT CHEMIN CREUX

TRIOLETS

Paroles et musique de **Jules DOMERC**

*La musique se trouve chez LE BAILLY, Éditeur,
rue Cardinale, 6, à Paris,*

Allº mod. *p*

C'é_tait dans un p'tit che min.

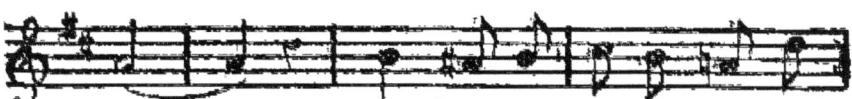

creux Que j'vis un jour un' chos' é_

_tran _ ge Bras_d'ssus bras.

d'ssous seuls tous. les deux_

C'é_tait dans un p'tit che_min

creux Blais' di_sait Ah!que j'sis heu_

poco cresc.

_reux De promm'ner a _vec toi, mon

an — gel   C'é _ tait   dans —

un   p'tit   che_min   creux   Que j'vis un _

allargando.   *sostenuto.*

jour un' chose é _ tran _ ge.

Longtemps ils marchèrent ainsi ;
Le ch'min se r'trécissait encore
Et leurs mains enlacées aussi ;
Longtemps ils marchèrent ainsi.
Oh'l je t'aim' je te l' jure ici ;
Parle m'aim' tu, toi que j'adore ?
Longtemps ils marchèrent ainsi ;
Le ch'min se r'trécissait encore.

Afin d'passer d'front tous les deux,
Ils se pressaient l'un bien près d' l'autre ;
Approch' toujours, dit Blais', tu l' peux,
Afin d'passer d' front tous les deux.
Et Blais' dev'nu plus amoureux
Serrait Madeleine en bon apôtre.
Afin d'passer d' front tous les deux
Ils se pressaient l'un bien près d' l'autre.

—Retournons vite à la maison,
Il faut rentrer, disait Mad'leine.
—J' veux un baiser. Ell' disait: non.
Retournons vite à la maison.
Mais il n'entendait pas raison ;

A lutter ell' perdait sa peine.
Retournons vite à la maison
Il faut rentrer, disait Mad'leine.

Bientôt je n' les vis plus du tout ;
Et n' puis vous en dir' davantage,
Car disparaissant tout à coup,
Bientôt je n' les vis plus du tout.
Mes yeux cherchaient en vain partout;
Ils s'étaient enfuis sous l'ombrage.
Bientôt je n' les vis plus du tout,
Et n' puis vous en dir' davantage.

LA DERNIÈRE FOIS

SERMENT EN L'AIR

Création de ARNAUD, aux Ambassadeurs.

Paroles de **A.-T. VILARFRANC**
Musique de **L.-C. DESORMES**

La musique se trouve chez LE BAILLY, Éditeur,
rue Cardinale, 6, Paris.

(*Parlé.*) Et moi je te dis, Cunégonde, que ce
n'est pas le petit bleu de Suresnes qui en est cause.
(*Au public.*) C'est égal ! elle est drôle, mais je la
trouve roide.

Pour arroser la cinquantaine
De mon vieux l'ami Chaloupard,
C' matin nous filons à Suresne

Histoir' d' fair' un p'tit Balthazar.
J' voulais pas rentrer sur la tête
Et si j' suis ému, cré coquin !
C'est que j'ai commis la boulette
De n' pas m'en t'nir au premier vin.

(*Parlé.*) Tout ça, c'est la faute à ma légitime, car ça marchait très-bien ; par malheur, à la fin du repas qui durait depuis au moins douze litres à seize, j'ai eu la faiblesse, pour être agréable à mon épouse, de boire un malheureux verre de Saint-Galmier, et ça m'a produit le même effet que si j'aurais bu de l'eau pure : ça m'a bouleversé incontinent, et haricot, tout le système équilibritoire... Aussi, c'est bien fini... j'empêche pas les marchands de vins d'en vendre du Saint-Galmier, non... mais quant à en boire...

C'est la dernièr' fois qu' ça m'arrive ;
Au bas vous pouvez faire un' croix ;
Maint'nant, je suis sur le qui vive !
On n' m'y r'pinc'ra pas une autr' fois.

Champion de la gaîté française,
Chaloupard, qu'est né baryton,
Dit : C'est pas ça, pour s'mettre à l'aise
Faut qu' chacun chant' sa p'tit' chanson.
Moi, la romanc' voilà c' que j'aime ;
J'attaqu' donc brav'ment mes couplets ;
Mais j'étais pas au vingt-cinquième
Qu'ils ronflaient tous comm' des pip'lets ;

(*Parlé.*) Moi, je continuais toujours, car j'en avais encore cinquante-sept couplets à chanter, quand soudain mon épouse se réveille en criant : « En voilà une bassinoire avec sa romance ! c'est moi qui n'aime pas ça, la romance, c'est trop fa-

dasse, et puis ça réveille les souvenirs d'amour. »
Oh ! oh ! que j'y réponds, ne te fâche pas, Cunégonde, si j'ai réveillé tes souvenirs d'amour. (*Au Refrain.*)

Lundi, me sentant assez riche,
Je m'dis payons-nous la Gaîté.
Et je m'assieds pour lir' l'affiche
Sur un banc qu'était à côté.
Soudain, j' bondis comme un' panthère
En sentant un' certain' fraîcheur,
Je m'tate, et, jugez de ma colère,
Ce banc v'nait d'êtr' mis en couleur.

(*Parlé.*) Et j'étrennais un pantalon blanc tout
neuf acheté d'occasion à un valet de chambre en
faillite qui liquidait sa garde-robe. Vous voyez ça
d'ici... N'osant pas étaler ma confusion au grand
soleil de la popularité, je suis resté assis sur le banc
jusqu'à l'extinction du gaz, et pour comble de
malheur, quand j'ai voulu me lever, impossible ! la
peinture avait ché ché, et j'étais scellé à ce maudit
banc par le fond de mon pantalon, parole sacrée !
sans les efforts de quatre hommes et d'un caporal
j'y serais encore... aussi, c'est bien fini. Le plus
beau banc du monde me tendrait-il les bras, je ne
m'assoierai plus dessus... quand même ce serait un
banc d'huîtres. (*Au Refrain.*)

Au d'ssous d' moi loge un p'tit ménage :
Deux tourt'reaux en ruptur' de bec.
Un soir, entendant du tapage,
J' veux les séparer... quel échec !
Sur le dos l' mari m' casse un' chaise,
La femm' s' met à crier au s'cours.

On m' campe au poste, et n' vous déplaise,
J'y suis resté pendant deux jours.

(*Parlé.*) Parole sacrée ! deux jours de violon
pour avoir voulu rétablir l'accord dans un duo qui
manquait d'harmonie, flûte !.. que je me suis dit,
c'est une mauvaise scie... restons en-là... (*Au
Refrain.*)

Mon cousin, qu'est r'çu dans l' grand monde,
Voulant assurer mon av'nir,
Me dit « La chance nous seconde,
« Aux cheveux sachons la saisir,
« Habill'-toi comm' si t'étais d' noce ;
« Ce soir je t'emmèn' dans un bal
« Chez des gens qui march'nt en carrosse,
« Et qu'ont le bras phénoménal.

(*Parlé.*) Vous pensez si je saisis l'occasion par
la taille... par malheur, au plus beau du bal, j'in-
vite une grande perche, décolletée à tort, qui me
tourne le dos en ricanant... Furieux, je crie à mon
voisin : « En voilà une obélisque qui fait sa sucrée !
— A qui le dites-vous, cher monsieur, c'est ma
femme. » Aïe ! Aïe ! excusez-moi on s'embête tellement ici... je me sauve... venez-vous ? — Je ne
peux pas, cher monsieur, je suis le maître de la
maison. » Mon protecteur ! dis-je... sapristi ! j'ai été
trop spirituel. (*Au Refrain.*)

On a fait de la belle-mère
Un ogre, un crampon, un tyran,
Mais je trouve qu'on est sévère
Pour cet ange de dévouement.
La mienne est un' vrai' croqu'mitaine,
Un serpent qu' j'réchauff' sous mon toit ;

Eh bien, pourtant, ça m' fait d' la peine
Quand on la plaisant' devant moi.

(*Parlé.*) Car la belle-mère c'est une perle rare,
un oiseau idem ; c'est une fleur ignorée dont le par
fum est si goûté que pour le respirer en liberté on
enchaîne son indépendance ; c'est l'amie du foyer,
la figue de Barbarie du désert conjugal ; c'est la
bonté, la gracieuseté, c'est enfin le dernier mot de
la civilisation moderne ; oui, messieurs, je ne crains
pas de le dire, et la preuve, c'est que je m'en suis
mis une sur les bras... seulement... (*Au Refrain.*)

Bien qu' je n' caus' jamais politique,
Vu qu'c'est contraire à ma santé,
Hier, je ne sais quell' mouch' me pique,
Mais comme un autr' j'en ai tâté.
Nous avons mêm' failli nous battre
Avec mon ami Falampin,
Parc'que je sout'nais qu' Henri Quatre
Etait d'la famill' des Pépin.

(*Parlé.*) Par la raison bien simple que Louis XIV,
père de Henri IV, est surnommé le Roi-Soleil,
pas vrai ?.. et que les soleils produisent tous
des pépins. C'était clair, et pourtant Falampin
prétendait que les pépins sont des parapluies et que
Henri IV ne pouvait pas être le fils d'un riflard...
Eh bien, croiriez-vous que sans ma femme qui nous
a séparés, nous nous exterminions ? J'en ai été quitte
heureusement avec un coup de poing que Gon-
gonde a reçu sur l'œil gauche, côté du cœur...
mais c'est égal, on ne m'y repincera plus à faire
de la politique subversive et révolutionnaire.
(*Au Refrain.*)

LE VERRE DE LA JEUNESSE

TOAST

Porté par VIALA, à l'Alcazar, et MIALET, à la Pépinière

Paroles de **A.-T. VILARFRANC**
Musique de **DESORMES**

La musique se trouve chez LE BAILLY, Éditeur,
rue Cardinale, 6, Paris

Mon verre est plein des généreuses flammes
Qui font l'esprit, l'amour et la gaîté.
C'est le moment de vous chanter, Mesdames,
Je bois à vous, la grâce et la beauté.
A vous aussi, Messieurs, je bois ce verre,
Représentants de la force ici-bas,
Vous qui d'un mot feriez trembler la terre,
Et qui tremblez devant un falbalas.

Amis, l'eau n'est qu'une drôlesse
Versez-moi du vin des Gaulois !
Tout me paraît beau quand je bois ⎰
Dans le verre de la jeunesse. ⎱ *Bis.*

Versez, amis ! Je bois aux grands artistes,
Comme à l'Esprit, ce mot vraiment français,
Gais Chansonniers, Boute-en-train, Moralistes,
Je bois à vous... je bois à vos succès.
Dans vos couplets dispensez la Satire,
Du vice enfin fustigez les valets.
Je vous souhaite à tous un puissant rire,
Le rire franc du profond Rabelais.

Amis, l'eau *etc.*

Versez, versez ! quand le souffle m'inspire,
Puis-je oublier nos héros, nos savants ?
Viens, ô ma Muse, et fais vibrer ma lyre,
En leur honneur redouble mes accents.
Je bois... je bois aux gloires sans pareilles
De ce Géant qui fit l'Égalité.
A toi, Paris !... ô Temple des merveilles !
Berceau des Arts et de la Liberté.

Amis, l'eau, etc..

LA VIEILLE IRMA

ÉPIGRAMME

La vieille Irma, bas-bleu de dernier ordre,
Colporte en chaque endroit ses propos médisants :
Sur son prochain l'on ne devrait pas mordre
Quand on a le malheur de n'avoir plus de dents !

POINCLOUD,
Membre du Caveau.

INDISPENSABLE EN SOCIÉTÉ.

SCÈNE COMIQUE

Jouée par RIVOIRE au Grand-Concert-Parisien

Paroles de A.-T. VILARFRANC

Musique de A. MASSAGE

La musique se trouve chez LE BAILLY, Éditeur,
rue Cardinale, 6, Paris.

(*A la cantonade.*) Oui, madame la baronne, je vous garantis une soirée premier numéro. (*En scène.*) Encore une nouvelle pratique à dérider, eh bien, on la déridera, lon là ! amuser c'est mon métier ; je tiens boutique de rigolade et je suis assuré contre la faillite, car en fait de *mise, j'ai un habit noir ;* et sous le rapport *des fonds, j'en possède un de gaîté inépuisable.*

La rigolade
Et la cascade
Ont fait d'moi leur enfant gâté,
Et ma devise
Est, qu'on se l'dise:
Indispensable en société.

Fils d'un bohêm' qu'a pas eu d'chance,
Bien doué sous tous les rapports,
J' mets à profit la circonstance
Et je jett' l'ancre dans tous les ports.
Partout on m'accueille, on me fête.
Oui ! grâce au chic dont j' suis bondé
Au grand banquet d' la société
J'ai toujours ma part de galette.

2.

INDISPENSABLE EN SOCIÉTÉ

(*Parlé.*) Cousin du Galopin industriel, quand les soirées chôment je cire les bottes, je soude les amitiés cassées, *je raccommode les ménages en défaillance* et j'ouvre les portières: « *Descendez-donc, mame la dussèche ! J'ai mis sur le crottoir le tapis de ma mère !* » Mais, quand ça marche, oh alors ! je ne vous dis que ça, l'après-midi, je fais les barrières et le soir je *donne des séances d'équilibre dans le beau monde,* et quand la *séance est dans mon gousset,* je pose à la société des calembours usés dans le genre de celui-ci : *Dans une assemblée de sourds-muets, quel est le supérieur ?... C'est le silence, parce qu'il est général.* (*Au Refrain.*)

Cité partout pour mon adresse,
Ma force et mon agilité,
J'enfonce un clown pour la souplesse,
Un médium pour l'habileté.
J'équilibre un bock sur un' canne,
J'imit' chien, chat, bœuf et dindon.
Vous le voyez... j'ai plus d'un don
Et par-dessus l' marché, *j' fais l'âne.*

(*Parlé.*) Miaoû... miaoû... hi! han! hi! han! Comment voulez-vous *qu'avec une conversation pareille* je ne fasse pas fureur dans les salons comme il faut. Quand arrive le samedi, je cours faire un tour à la mairie... aussi lorsqu'un témoin a oublié qu'il était de noce... Bibi est là... tenue correcte, pose distinguée et bouche en cœur... *C'est n'un témoin qu'vous faut ? mon bourgeois... pouviez pas mieux tomber, j'ai rien à faire.* Quand le beau-père, pour me remercier, m'offre un pourboire, je le remercie avec tant de noblesse qu'il est obligé de m'inviter du repas, et les repas de noce... c'est mon affaire... qué chic! ah malheur! j'épate tout

le monde... je tutoie les garçons, j'embrasse la
mariée et je fais rire jusqu'à la belle-mère. Je suis
aussi témoin dans les duels à 32 sous, je place mes
adversaires dos à dos, l'épée en main à 75 pas ; et
quand ils sont en train de férailler je m'écrie :
*Un esstant !.. quels sont les principaux caps du
monde ? Vous ne savez pas ? non ! Eh bien, vous
feriez mieux de vous battre à la fourchette, puisque l'épée en main vous n'avez pas de cap à citer.*
(*Au Refrain*.)

> Dans les repas où l'on est treize
> On m'invit' pour conjurer l'sort ;
> Chez les millionnair's à leur aise
> J' touch' du piano comme un ténor.
> Je vais en soiré' tout' la s'maine,
> Et comm' j'ai le cœur sur la main,
> J'ai servi dix-huit fois d'parrain.
> *Au besoin j' servirais d' marraine.*

(*Parlé*.) Recueil de calembours, gazette vivante, et
almanach chantant, ambulant, quand la conversation
languit, je lance une mouche au plafond. (*Il l'imite*.)
Bzi ! Bzi ! J'imite la scie et le rabot (*Idem*). J'imite
aussi le chien qui a perdu son maître : *hoap !
hoap ! hoap !* Trouvez-moi donc un gentleman
qui en ferait autant pour 3 fr. 50 c., et un dîner à la
cuisine. Enfin, quand la société s'endort, pour la
réveiller, je tire le cor de chasse de mon père de ma
poche, et aïe donc ! là ! j'en joue ! 3 heures après,
l'effet est immédiat : tout le monde se sauve en
criant : « Ah ! quel *cor nichon !* dans son *cor y fait*
un bruit à réveiller un *cor ridor.* » Et moi, sans
m'épater, je dépose mon *cor aux pieds* de la bour-
geoise, et je lui dis : vous ne trouvez pas mon *cor-*

beau, pourtant vous voyez que mon *cor sert* puisque sans ce *cor dont* vous vous plaignez, vous dormiriez *en core* sans craindre que cet abus de *cor ne m'use.* (*Au Refrain.*)

(*EN BIS.*)

(*Parlé.*) J'oubliais de vous prévenir que je mène le cotillon avec un chic étourdissant, et que mes pas renversants me font inviter continuellement par les étudiants offrant un divertissement à leurs parents quand ils viennent de temps en temps voir si leurs enfants font leur droit consciencieusement... En avant le pas du hareng-saur qui a avalé un mat de cocagne ! (*Danse.*)

> La rigolade
> Et la cascade
> Ont fait d'moi leur enfant gâté.
> Et ma devise
> Est, qu'on se l'dise :
> Indispensable en société.

UNE FEMME UNIQUE

La grosse Angélina, peu belle, mais commune,
Disait à son mari qui subissait sa loi :
— Tu ne trouverais pas deux femmes comme moi.
—Tant mieux, dit celui-ci, car c'est bien assez d'une !

POINCLOUD,
Membre du Caveau.

2.

LA FÊTE DE LA RÉPUBLIQUE

CHANT

Créé par Henri PRÉVOST, à la Scala

Paroles de HENRI SECOND
Musique de GERMAIN LAURENS

*La musique se trouve chez LE BAILLY, Éditeur,
rue Cardinale, 6, Paris.*

Elle était vaincue, on la croyait morte.
On l'avait couchée au fond du cercueil ;
Mais de son sépulcre entr'ouvrant la porte
Elle a déchiré ses habits de deuil...
Les yeux remplis d'éclairs, le cœur plein d'espérance,
Elle s'est éveillée au cri de liberté,
Et plus grand que jamais, le drapeau de la France
Va, sous l'azur du ciel, flotter avec fierté !

L'olivier à la main, cette France héroïque,
Son beau front couronné de bluets et de blés
Vient célébrer devant les peuples assemblés
La fête de la République !   (*Bis.*)

Jadis elle fut grande par les armes ;
Du monde entier sa gloire a fait le tour ;
Elle ne veut plus de sang et de larmes
Et veut à présent régner par l'amour.
Tout homme d'un autre homme ici-bas est le frère,
Au lieu de nous haïr, aimons-nous désormais :
Qu'on ne nous parle plus de canons et de guerre,
Nous voulons à présent le travail et la paix.

L'olivier, *etc.*

Elle avait plié, pâle et frémissante
Sous le sceptre d'or si pesant des rois.
Mais la République à la main puissante
A su la sauver encore une fois.
Aujourd'hui notre chaîne à tout jamais se brise ;
La République enfin lève son front vainqueur,
Adoptons pour jamais sa sublime devise
Et qu'elle soit écrite au fond de notre cœur.

L'olivier à la main, notre France héroïque,
Son beau front couronné de luets et de blés
Vient célébrer devant les peuples assemblés
    La fête de la République ! (*Bis*.)

C'EST PAS GENTIL POUR TA FAMILLE

CHANSONNETTE

Créée par M. J. ARNAUD, au Concert de la Scala

Paroles de **VILLEMER** et **DELORMEL**
Musique de **Gustave MICHIELS**

*La musique se trouve chez LE BAILLY, éditeur,
rue Cardinale, 6, à Paris.*

V'là huit jours qu' j'ai donné ta main
A mon camarade Exupère ;
L' jour où j'ai fabriqué c't hymen,
J' crois qu' j'ai pas fait une chouette affaire ;
T'étais ma fill' je d'vais t' caser...
Mais, là, vois-tu, ma p'tit' Gertrude,

Mossieu ton mari peut s'flatter,
D'être un modèl' d'ingratitude.

(*Parlé.*) Je m'avais dit en te colloquant à Exupère :
C'est un frère, de temps en temps il offrira un
verre à son beau-père... Ah ! ben, ouiche, v'là que
le lendemain de ton mariage, y se met membre de
la *socilliété* de tempérance et d'abstinence conti-
nentale... jusque-là y a pas d'affront... mais ce que
je trouve *vesqualoire*, c'est de vouloir me faire
absorber à moi, Auguste Pompavisse, un liquide
dans lequel je dédaignerais même de prendre le
plus petit bain de pieds... Enfin, voyons, c'est-y
des choses qu'on fait à son beau-père ?....... Non !

Aussi Gertrud', vois-tu, ma fille,
Sans vouloir salir ton époux,
C' qu'il a fait, j' te l' dis entre nous,
C'est pas gentil pour ta famille.   (*Bis.*)

J'me souviens de c' qu'est arrivé,
Pendant le jour mêm' de ta noce,
J' m'étais dit : O moment rêvé !
J'vas donc m' trimballer en carrosse.
Dans l' doux espoir de m' fair' rouler,
Je m'habill' pour la circonstance ;
Et v'là qu'on m' fourr' près du cocher,
J' trouve que c'est manquer d' déférence.

(*Parlé.*) C'est pas que je méprise les cochers !..
oh ! là ! non... seulement je peux pas les sentir...
surtout que cet *autremédon* qui avait la *pétentillion*
de connaître sa *géiographie*, commence à me ra-
conter que c'était François Ier qui avait décou-
vert l'Amérique... Or, moi je sais bien que c'est

Henri IV... Y faisait ce qu'on appelle un *accrono-
logisme* historical et *géiographique*... Enfin, jusque-
là, y a pas d'affront... mais v'là qu'arrivés au restaurant, on me fourre dans un coin de la table
ousque les plats n'arrivaient qu'après avoir décrit un
mouvement ventrifuge et circulatoire devant les
autres invités... ce qui fait qui ne me restait toujours que la carcasse. C'est pas que je déteste les
carcasses, oh! la! non! seulement je ne peux pas
les voir en face... Là-dessus je dis poliment à Exupère que je préférais une petite aile... alors le v'là
qui m'appelle : espèce de vieux goinfre et me flanque son assiette à la figure. Oh! je ne lui en veux
pas de m'avoir envoyé son assiette... vu qu'elle
était pleine... ce que je trouve de *vescatoire*, c'est
la manière qu'y me la faite parvenir..... Voyons
c'est-y des choses qu'on fait à son beau-père?.....
Non! (*Au Refrain.*)

Enfin dans la salle de bal,
Après l'dîner voilà qu'on passe.
L'orchestre donne le signal
Et chacun déjà s' met en place.
J' prends mon air le plus séducteur,
Et je vole comme une abeille
Vers la demoiselle d'honneur,
Avec mon chapeau sur l'oreille.

(*Parlé.*) C'est pas que j'aie du goût pour la con-
tredanse... Oh! la! non... seulement comme je suis
léger comme un petit papillon... j'aime à faire
voir mes grâces fascinatoires et vaccinatrices...
mais voilà qu'Exupère me souffle la demoiselle
d'honneur et me repasse sa belle-mère... C'était une
mauvaise plaisanterie; mais enfin jusque-là y a pas

d'affront... Seulement comme la belle-mère d'Exupère était la mère de Gertrude et que Gertrude
était ma fille en même temps que celle de sa mère...
Il se trouvait naturablement que la belle-mère,
c'était ma femme ! et vous pensez comme c'est
agréable de danser avec sa femme un jour de noce...
C'est moi qu'étais pas à la noce... d'autant plus
qu'elle est légère comme un vrai petit wagon de
première classse et qu'elle souffle comme une loco-
motive... un train complet quoi... et pas de plaisir.
Aussi j'ai pas demandé un billet d'aller et retour...
Mais v'là qu'en polkant... tra la la... j'écrase légère-
ment le pied à Exupère. Là-dessus y me traite de
vieux pochard et m'allonge un coup de poing qui
m'a assaisonné l'œil gauche tellement au beurre
noir, que ça donnait à penser qu'il avait mangé de
la raie pendant huit jours. Voyons ! c'est-y des choses
qu'on fait à son beau-père ?..... Non ! (*Au Refrain.*)

Quelques jours après ton hymen,
Il m'invit' (ça n'est pas dommage)
A l'accompagner un matin, .
Pour faire un' parti' d'canotage.
Y m'dit : Nous déjeûn'rons là-bas ;
C'était, je crois, tout près d'Asnières...
Ça m' souriait assez j'te l'cach' pas,
J'accepte sans fair' de manières.

(*Parlé.*) Nous commençons par faire un bon petit
déjeuner... Ça me raboche un peu avec lui, mais
v'là qu'au dessert, il m'emprunte vingt-cinq francs
pour payer la carte... Ça me jette un froid, mais
comme j'avais touché ma paye, l'avant-veille, je
pouvais pas lui refuser ça... Après déjeuner, on
prend un canot... seulement comme nous avions
absorbé pas mal de petit ginguet, je dis à Exupère :

Faudra pas faire de blagues... Mais v'là qu'arrivés
en pleine Seine y m'dit : Tiens, regarde donc la
lune qui se lève !.. Moi je regarde naïvement et
v'là qui me flanque une poussée... histoire de faire
une farce... mon pied glisse et paf ! je pique une
tête dans le bouillon... Là-dessus Exupère plonge
et me repêche... c'était gentil de sa part... jusque-
là y a pas d'affront... seulement quand j'ai eu re-
pris mes *sens* v'là qui m'dit : C'est vingt-cinq
francs que tu me dois, nous sommes quittes... Com-
ment-ça que j'y dis. — Dame ! qui me répond,
quand on repêche un noyé, c'est vingt-cinq francs...
tu m'avais prêté vingt-cinq francs, je t'ai repêché,
ça fait le compte... Eh ben ! là! flanquer son beau-
père à l'eau pour se racquitter avec lui... C'est-y
des choses qu'on fait à sa famille ?....... Non !
(*Au Refrain.*)

> Mais depuis ces événements
> Vient d' s'écouler un quartier d' lune.
> Comm' tout s'oublie avec le temps,
> Moi je n' lui gardais pas rancune,
> Car je m'étais dit : Chaqu' matin,
> Nous déjeun'rons chez Exupère.
> On pourra boire et rire un brin,
> En s' la coulant douce et légère.

(*Parlé.*) C'est pas que j'aime à dîner en ville...
Oh ! la! non... mais comme c'est plus économique,
j'm'avais dit : Exupère nourrira sa famille. Et v'là
que dès le premier jour, y me déclare qu'il n'aime
pas les pique-assiettes... Moi, je lui riposte en
l'appelant : Moule à gaufres ! là-dessus y me saisit
au-dessous des deux *armoires plates* et me dépose
délicatement dans la rue en me faisant passer par

la fenêtre. Comme ça n'était que d'un deuxième étage y a pas d'affront... d'autant plus que je suis tombé sur la tête de mon propriétaire qui passait justement dans la rue au moment où j'y descendais... Ça a amorti le coup... seulement ce qui m'a vesqué, c'est que mon propriétaire m'a augmenté au terme suivant sous le prétexte que j' l'avais diminué en l'aplatissant... Eh bien ! augmenter un locataire parce qu'il vous diminue, c'est pas gentil... Et tout ça la faute à Exupère... C'est-y des choses qu'on fait à son beau-père ?..... Non ! (*Au Refrain.*)

REFRAIN

Aussi, Gertrud', vois-tu, ma fille,
Sans vouloir salir ton époux,
C' qu'il a fait, j' te l' dis entre nous :
C'est pas gentil pour ta famille ! (*Bis.*)

UN BON MARI

Eh quoi ! mari modèle, esclave du devoir,
Auprès de ta moitié tu restes chaque soir ? [bitude ;
— C'est vrai, depuis longtemps, j'en ai pris l'ha-
Et puis, c'est dans mes goûts, j'aime la solitude !

POINCLOUD,
Membre du Caveau.

SOUVENIRS DU COEUR

RONDEAU

Créé par Mlle Marie LAFOURCADE,
au Grand-Concert Parisien

Paroles de Constant SACLÉ

Musique de Léon CHELU

La musique se trouve chez LE BAILLY, Éditeur,
rue Cardinale, 6, à Paris.

Vous en sou _ vient—
- il, par un beau di _ manche, Nous allions tous
deux, la main dans la main; Contemplant ra-
_ vis l'au _ bé _ pine blanche, Qui nous sou _ ri _
_ ait au bord du che _ min. La na _ ture of _
_ frait un coup d'œil ma _ gique, Aux fleurs sём
_ lant tous les verts buis _ sons, En ce jour

3

ciel était magni _ fi _ que, Nos cœurs é _ taient,

_ pleins _ de _ douces chan _ sons. Les petits oi _

_ seaux, sous le bel om _ brage, Gazouillaient un

hymne au Dieu cré _ a _ teur; Mê _ lant nos bai _

_ sers a leur doux ra _ ma _ ge, Nous le bé _ nis _

_ sions de tout notre cœur. L'a _ mour ce beau

dieu, de ses douces ai _ les; Nous fra _ yait la

route en nous condui _ sant, Tout é _ tait en

joie et les fleurs nou _ velles Avaient un e _

_elat bien éblou_is_sant. Un so_leil bril

Coda à la 4. fois

Vous en souvient-il, par un beau di_

man_che, Nous allions tous deux, la main dans la

main; Con_templant ra_vis, l'au_bé_pi_ne

blan_che, Qui nous souri_ait au bord du chemin.

Un soleil brillant dorait la prairie,
Et les papillons volaient dans les cieux ;
Tout nous invitait à la rêverie,
Et de nous aimer, nous étions joyeux.

Vos deux jolis yeux parlaient à mon âme,
Sur moi vos attraits avaient des pouvoirs ;
Je vous contemplais d'un regard de flamme,
Le vent agitait vos beaux cheveux noirs.

La grive chantait sous le vert feuillage,
Sur votre beau front, je pris un baiser ;
Votre cœur battait sous votre corsage.
Et votre regard me dit de cesser.

Craintif et discret, ne sachant que dire,
Je vous regardais d'un air suppliant ;
Puis, je m'enhardis, vous voyant sourire,
Et vous pris encore un baiser bruyant.

Je vous aimais bien, vous étiez si belle :
Et je bénissais le dieu des amours.
Vous faisiez serment de m'être fidèle,
Moi, de vous aimer d'ivresse, toujours.

Que j'étais heureux, ô douce mignonne,
De vous répéter tous ces mots charmants,
Qui sont les reflets dont l'âme rayonne,
Lorsqu'on sait aimer et qu'on a vingt ans !

Au bord d'un ruisseau faisant la dînette.
Nous buvions tous deux à la Liberté :
Puis de fleurs des champs faisant la cueillette,
Nous bénîmes Dieu de notre gaîté.

Et le cœur content, l'âme bien rieuse,
En rentrant le soir, nous chantions gaîment ;
La vie enchantée et toujours heureuse,
Que la nôtre était en ce temps charmant !

Notre talisman était la jeunesse,
Notre puissant roi s'appelait Amour ;
Notre reine avait pour nom la tendresse,
Et notre mansarde un riant séjour.

Tout près d'un sentier, la fleur printanière
Nous disait : Enfants, aimez-vous toujours !
Je la pris, la mis à ma boutonnière.
Comme un souvenir de nos chers amours.

Cette fleur flétrie encor me rappelle.
Les jours de bonheur passés près de **vous**
Souvent mon esprit se les renouvelle,
Tous ces temps chéris, hélas ! loin de **nous**.

Et sans maîtriser l'ardeur qui m'embrase,
Mon cœur de la voir ne peut se lasser :
Je prends cette fleur et puis je l'embrasse,
Croyant vous donner encor un baiser.

Vous en souvient-il, par un beau dimanche.
Nous allions tous deux, la main dans la main,
Contemplant, ravis, l'aubépine blanche,
Qui nous souriait au bord du chemin.

ON T'ATTEND A LA MAISON

BLUETTE

Créée par Mlle DATIGNY, à l'Alcazar,
et Mme Victorine BEN, à la Pépinière.

Paroles de Armand BEN et René D'HERVILLE,
Musique de TAG-COEN.

*La Musique se trouve chez LE BAILLY, Éditeur,
rue Cardinale, 6, à Paris.*

Le jour baissait, déjà l'ombre
Sur les grands bois descendait;
Jeanne dans le chemin sombre
Au galop s'en revenait;
En ville, vite on s'attarde,

ON T'ATTEND A LA MAISON

C'est si bon de jacasser,
A l'une à l'autre on bavarde
Et le temps vient à passer.

    Voici l'angelus, fillette,
    Trotte, trotte Jeanneton ;
    Allons, vite, ma Jeannette,
    On t'attend à la maison.   *(bis.)*

Allons, bon ! v'là la rivière,
Le pont n'est que tout là-bas !
Mais en ce moment, Jean-Pierre
Par hasard n'arriv' t'y pas.
« Jeann', si t'as quéqu' chos' qui t' presse,
« Lui dit-il, j' peux t' traverser ;
« D' puis c' matin la rivière baisse,
Presqu'à sec on peut passer. »

    Voici l'angelus, fillette,
    Allons, que décide-t-on?
    Faut prendre un parti, Jeannette,
    On t'attend à la maison. *(bis.)*

Au beau milieu du passage,
Pierre demande un baiser
Que Jeannette, en fille sage,
S'obstine à lui refuser.
Prenant un ton de menace,
Afin de l'effaroucher :
« Si tu n' veux pas que j' t'embrasse,
« Dit-il, dans l'eau j' vas t' lâcher. »

    Il faut bien payer, Jeannette,
    Le servic' que t' rend c' garçon
    Vite un baiser, ma fillette,
    On t'attend à la maison.*(bis.)*

De Jean-Pierre l'obligeance
Avait fait que maintenant,

Comme on était en avance,
On s'en revient en flânant.
Ce ne fut qu'à la nuit close
Qu'ils arrivèrent tous deux ;
Jeannette avait l'air morose,
Jean-Pierre était tout honteux.

J' crois décidément, Jeannette,
Que c'est plus court par le pont ;
Voici l' couvre-feu, fillette,
On t'attend à la maison. (*bis*)

L'EXPOSITION

STANCES

Chantées par Mlle BADE au Théâtre de l'Athénée-Comi
Dans la Revue : Les BONIMENTS de l'ANNÉE.

Paroles de **W. BUSNACH** et **P. BURANI**,
Musique de **ANTONIN LOUIS**.

La *musique se trouve chez LE BAILLY, Éditeu*
rue Cardinale, 6, à Paris.

Entendez-vous ? c'est l'usine qui gronde,
La vapeur siffle et l'outil grince et mord ;
C'est le travail régénérant le monde,
But fraternel de cent peuples d'accord.
Il est sauvé, le peuple qui travaille ;
Il en devient plus fier, plus fort, plus grand ;
Oui, le progrès est un champ de bataille
Où nous voulons garder le premier rang.

O mon pays, ma noble **France**,
De l'avenir sois la clarté !

Garde toujours la place immense
Que tu tiens dans l'humanité.

Ton drapeau, France, a fait le tour du monde;
Plus glorieux est ton génie encor :
De l'industrie, en prodiges féconde,
O mon pays, tu diriges l'effort !
Paix et travail ont aussi leurs conquêtes,
Gloire sans deuil que rien n'obscurcira;
La France appelle à ces splendides fêtes
Tout l'Univers... et l'Univers viendra...

    O mon pays, *etc*.

De nos revers ce sont les représailles,
Et nous restons la grande nation;
Le laurier d'or des gagneurs de batailles
Est devenu le blé d'or du sillon !
Nous avons eu nos grands jours de vaillance;
France, ton nom fut partout redouté,
Mais aujourd'hui, c'est un chant d'espérance,
C'est l'hymne saint de la Fraternité !

    O mon pays, *etc*.

LE BEL ALCINDOR

CHANSONNETTE

Créée par LIBERT, à la Scala,

Paroles et musique de **Louis GABILLAUD**

*La musique se trouve chez LE BAILLY, Éditeur,
6, rue Cardinale, à Paris.*

Je passais l'autre jour
Su' l' boul'vard d' la Mad'leine,

3.

Quand un' femm' faite au tour,
S'écri' : « Tiens, v'là Gégène ! »
Madam', vous fait's erreur,
Lui dis-j' d'un' voix discrète,
Je n'ai pas le bonheur
D' m'app'ler Gégèn', j' le regrette...
   Je m'appell' Alcindor,
   Le beau sexe m'ador',
   Et l'on dit quand je sors :
   « Voilà l' bel Alcindor,
   Voilà, voilà, l' bel Alcindor ! »

Dimanch' dernier, au bal,
Améli' me soufflette,
Je cri', l' municipal
Vient et m' dit : « J' vous arrête ! »
« Lâchez-moi, s'il vous plaît,
Lui dis-j', d'un air aimable,
C'est moi qu'ai r'çu l' soufflet ;
Je ne suis pas coupable ! »
   Je m'appell'... *etc.*

Je fus imprudemment,
Chez un' dam', cett' semaine,
Son mari sonn', viv'ment ;
Je m'cach' dans la fontaine,
On r'sonn', c'est l' porteur d'eau,
J' lèv' le couvercle et j'crie ;
« Ya du monde, eh ! là haut !
N' versez pas, j' vous en prie ! »
   Je m'appell'... *etc.*

L'été dernier j' prenais,
Un bain froid, près d'Asnières,
Je n' trouv' plus mes effets,
En sortant d'la rivière ;

« Vos papiers ? » m'dit tout bas,
Un gendarm' qui s'approche,
J'dis, avec embarras,
Cherchant vain'ment ma poche :

    Je m'appell'... *etc.*

Un singe s'échappa,
L'autre jour de sa cage,
L'gardien s'écri' : « Le v'là ! »
Puis il m'barr' le passage.
J'lui dis : Vous confondez.
Il m' répond : « Quel prodige !
Pardon !... vous lui r'ssemblez !... »
On peut s'tromper, lui-dis-je !

    Je m'appell'... *etc.*

N'est-c' pas, mesdam's franch'ment,
Qu'vous m'trouvez adorable ?
Et qu'on voit rarement
Un jeune homm' plus conv'nable ?
Voyons, suis-j' beau garçon ?
Regardez-moi sans rire,
Et dit's-moi, sans façon,
Si j'ai raison de dire :

    Je m'appell'... *etc.*

Hier, avec mon banquier,
Je m'en fus à la chasse ;
Je blesse un sanglier
En tirant un' bécasse.
A s'élancer sur moi
Le sanglier s'apprête,
Mais sans perdr' mon sang froid,
J'lui cri' : « De grâce, arrête !

    Je m'appell'... *etc.*

J'avais dans mon jardin,
Une citrouille énorme,
Or, voilà qu'un matin
J'en admirais la forme,
Quand, sur le crustacé,
J'aperçois d'l'écriture,
Et j'lis ceci tracé,
Par la main d'la nature :

    Je m'appell'... *etc.*

ON VEUT M'FAIR' CHARCUTIER

CHANSONNETTE

Créée par OUVRARD, au XIXᵉ Siècle
Et LAFORGUE, au Concert de la Pépinière
Paroles de **RÉNÉ de SAINT-PREST et Armand BEN**
Musique de TAG-COEN

La musique se trouve chez LE BAILLY, Éditeur,
6, rue Cardinale, à Paris.

J'avais quitté l'pays,
Pour venir à Paris,
Afin d'être épicier,
Faire ce beau métier ;
Et puis faut qu' je vous l'dise;
Eudoxi', ma promise,
N'aim' que cett' profession.
Mais, quell' désolation !

    Pour du guignon,
    Non d'un nom.
    J'ai du guignon,

ON VEUT ME FAIRE CHARCUTIER

Si j'perds mon Eudoxie,
Faudra que j'm'asphyxie,
J'voulais t'être épicier,
On veut m'fair' charcutier.

C'est ben drôl' les parents :
Ça tourment' les enfants ;
Au lieu d'être épicier,
On veut m' fair' charcutier.
Ils disent que c'est cocasse,
De vendr' de la mélasse :
Qu' si j'aim' le cornichon,
J'en mettrai dans l' jambon.

   Pour du guignon, *etc.*

Pour moi quel désespoir !
Je n'os'rai plus te r'voir,
Belle aux regards vainqueurs,
Plus douc' que les quatr' fleurs.
— « Si t'es dans la moutarde,
C'est pour toi que j'me garde,
M'a-t'elle dit en partant,
J'en éternuais tout l'temps

   Pour du guignon, *etc.*

Des couleurs et des goûts,
Quand on prend un époux,
Il n' faut pas discuter ;
On ne fait que s' tourmenter,
Si je n' vends pas d' canelle,
Je resterai d' moiselle :
Eudoxi' n' prendra pas
Un mari dans l' foi' gras.

   Pour du guignon, *etc.*

L' plus fort de mon chagrin,
C'est qu' sus mon traversin,
La nuit je n' fais qu' rêver
Q'enfin j' suis épicier ;
Mais dès qu' j'ouvr' la paupière,
Adieu la poivrière,
Muscad', chandell', pruneaux !
Je m'vois tueur de pourceaux.

Pour du guignon, *etc.*

BONHEUR DES CHAMPS

PASTORALE

Chantée par BERTHELIER du Palais-Royal
Paroles et musique de Ed. L'HUILLIER

*La musique se trouve chez ESCUDIER, Éditeur,
rue de Choiseul, 21, à Paris.*

Quels plaisirs touchants,
Quel bonheur champêtre,
Que de mener paître,
Quand on est aux champs,
Les moutons bêlants,   }
Les dindons gloussants, } *bis.*
Les petits ânons braillants !
Etre piqué par des moustiques,
Des guêp's, des frelons,
Gagner engelur's, sciatiques
Et de bonnes fluxions,
Manger du lard, de la galette,

D'la bonn' soupe aux choux,
Boir' du lait chaud, d'la piquette,
Et du cidre doux :
Voilà de la vi' des champs
Les plaisirs purs et touchants,
Ah ! qu'il est doux de vivre aux champs !

(*Parlé.*) Vous êtes là bien tranquille, en train de rêver sous les grands marronniers, SAUL A L'OM- BRE DES SEULES (*se reprenant*) non, seul à l'ombre des saules. — Tout à coup, un bourdon, un amour de bourdon, cherche à se reposer sur le bout de votre nez qu'il prend pour un bouton de rose. — Il est là, bourdonnant autour (*Imitant le bourdon.*) bz bz bz bz bz bz (*il simule attraper le bourdon en se donnant une claque sur la joue.*) Vous attrapez votre joue, mais le bourdon, jamais !

O bocage où cage où,
Prairie ourie où,
Loin de toute envie,
Villa où la où,
Villa où la où,
J'ai passé ma vie,
Vous serez toujours
Mes seules amours.
Pour les êtres innocents nocents,
Vive le bonheur des champs,
La !

(*Parlé.*) (*Geste d'attraper un papillon en frappant ses mains.*) Un papillon !... Manqué...

Au bord d'un ruisseau,
Couché dans l'herbette,
Un' pierr' sous la tête

Et les pieds dans l'eau,
Attraper, tout chaud,
Un rhum' de cerveau,
Entendr' sous l'ormeau
La cloch' du hameau
Et le son du chalumeau ;
A midi, quand le soleil brûle,
Chercher des hannetons ;
Pendant les jours de canicule,
Faire la chasse aux papillons !
Elever lapins et volaille,
Cultiver le m'lon,
Se coiffer d'un grand chapeau d'paille,
Ainsi qu'Robinson ;
S'étendre comme un lézard,
Barbotter comme un canard. (bis.)

(*Parlé.*) Oh ! les canards, en v'là des petits animaux qui vous font aimer l'existence ! et gais, et pas fiers, ils sont là dans leur petite mare, causant de leurs petites affaires, barbottant, cancanant : Tenez, monsieur, moi qui vous parle, je comprends leur langage, oui monsieur, et la preuve c'est que je me mêle souvent à leur conversation ; tenez (*Imitant le canard.*) Coin, coin, coin, coin ! hein ! sont-ils assez gentils ! (*Au refrain.*)

Comme un loup-garou,
Dans la forêt sombre
Lorsque descend l'ombre,
Errer à l'heure où
Gémiss'nt les hibous,
Chantent les coucous ;
Quel concert plus doux
Que l'chant des coucous,

Joint au hurlement des loups !
Avaler, nageant dans sa soupe,
   Des millions d'fourmis,
Et dans le pain bis, quand on l'coupe,
  Trouver des cris-cris tout cuits !
Lorsque le coq au loin coquette
    Son cocorico,
S'élancer hors de sa couchette
    Et boir' son lolo,
  Et l'soir, après son loto,
  Se fourrer dans son dodo,
  Bien s'étendr' dans son dodo.

(*Parlé.*) Ah! comme on va bien dormir! (*Il baille.*) vous êtes là, ne pensant à rien, vous endormant du sommeil du juste, enfoncé dans un grand bonnet de coton jusqu'aux épaules... tout à coup, vous entendez la conversation suivante : (*Imitant les chats*) mia miaou miaou, ffft, ffft. (*Au refrain.*)

L'INGRATITUDE

Incompris, et d'esprit malingre,
Un rapin disait plein d'émoi :
— « L'ingratitude, c'est pour moi...
L'attitude de monsieur Ingre !

POINCLOUD,
Membre du Caveau,

AU JOUR D'AUJOURD'HUI!

CHANSONNETTE

Créée par BOURGES au XIXᵉ Siècle et chantée par
L. FAIVRE, au Concert du Chalet.

Paroles de F. LEFEBVRE.
Musique de A. TESTE.

*La musique se trouve chez LE BAILLY, Éditeur,
6, rue Cardinale, à Paris.*

Moderato.

Dans l'temps tous les jours la pes _ te _ . Dans Pa _ ris _ re _ gnait, _ On n'net _ to _ yait pas du _ res _ te, da mais n'ar _ ro _ sait. Main _ te _ nant c'est _ au _ tre cho _ se, D'Paris _ les _ produits. Sent'nt la vio _ lette et _ la _ ro _ se Au _ jour

d'au _ jour _ d'hui ! Au _ jour

pressez

d'au _ _ jour _ d'hui !

Dans l'temps, vis-à-vis des femmes
    On était charmant,
Et toujours avec les dames
    On était galant ;
Maintenant l'homm' s'en fait gloire,
    Sans respect pour lui
D'appeler les femmes bassinoire
    Au jour d'aujourd'hui.

Dans le temps, dans les barrières
    On buvait du vin ;
L'on ne savait que le faire
    Avec du raisin ;
Maintenant on le trafique
    Et j' prouv' à l'appui
Qu' d'en boir' ça donn' la colique
    Au jour d'aujourd'hui.

Dans l'temps, on n'avait pas crainte
    D'avoir un caissier ;
L' banquier jamais n'avait d'plainte,
    Y n'pouvait s'défier ;
Maintenant ils ont des ailes
    Et, sans faire de bruit,
Ils fil'nt par le train d'Bruxelles,
    Au jour d'aujourd'hui.

Dans l'temps, dans une gibelotte
  Y avait du lapin,
Pomm's de terr', oignons par flotte,
  Du laurier, du thym;
Maintenant si j'régal' ma bonne
  En catimini,
C'est du chat d'gouttière qu'on m'donne,

  Au jour d'aujourd'hui.

Dans l'temps, pour fair' un voyage
  Y avait les coucous
Qui transportaient gens, bagages
  Sans leur casser l'cou.
Maintenant le train rapide
  Si vite vous conduit
Qu'souvent on r'vient invalide,

  Au jour d'aujourd'hui.

Dans le temps, dans notre France,
  On parlait français;
Maintenant grâc' à la science
  On parl' javanais.
On ne mang' plus, on tortille
  Et, quand vient la nuit,
On ne dort plus, on roupille,

  Au jour d'aujourd'hui.

Dans l'temps, pour la toilette
  On n'se ruinait pas ;
Un'feuill' de vign', un'peau d'bête
  C'étaient des extras.
Maintenant on fait sa tête
  Et tout l'mond' depuis
Port'nt même jusqu'à des chaussettes

  Au jour d'aujourd'hui.

Dans l'temps, n'y avait qu'femmes fidèles
   C'était ravissant.
D'vertu c'étaient des modèles;
   Heureux jours charmants!
Maintenant ça pass' les bornes,
   C'est bien c'qui m'ennui',
Tout les maris port'nt des cornes
   Au jour d'aujourd'hui.

Dans l' temps, on pouvait sans crainte
   Coucher dans son lit,
Et l'on ronflait sans contrainte,
   Pendant tout' la nuit.
Maintenant il faut d'l'astuce,
   Et quant l'jour a fui
On est mangé par les puces,
   Au jour d'aujourd'hui

Dans l'temps, les femm's étaient fières
   D'avoir des cheveux;
Pas d'faux n'import' d'quell' manières
   C'qui était bien mieux.
Maintenant sur le visage
   Ell's s'mettent un enduit
Qu'on appell' du maquillage,
   Au jour d'aujourd'hui.

Dans l'temps, toujours la concorde
   Chez les peupl's régnait.
Jamais la moindre discorde
   Ne les divisait.
Maintenant, c'est autre chose
   Chacun n'pens' qu'à lui.
L'un veut machin, l'autre chose !
   Au jour d'aujourd'hui.

QU'ON L'EXPOSE!!

CRI POPULAIRE

Poussé par NICOL, aux Ambassadeurs,
Répété par CAUDIEU, à l'Horloge.

Paroles de **A.-T. VILARFRANC**,
Musique de **G. CHAILLIER**.

La musique se trouve chez LE BAILLY, Éditeur.
6, rue Cardinale, à Paris.

Par ce temps d'exposition,
On expose chevaux, voitures,
Bijoux, fromages, brimborions,
Cheveux, tapis, cochons, peintures,
Enfin tout le monde, ici bas,
Veut exposer, coûte que coûte,
Et, s'il est, chose dont je doute,
Un exposant qui n'expos' pas,

Qu'on l'expose, qu'on l'expose!
Car c'est vraiment épatant :
    Oui j' propose
    Qu'on expose
   Ce phénomène vivant.

L'usurier ressemble au gommeux :
L'un prête à la s' maine', l'autre au **rire**;
Mais celui qui prête moins qu'eux
C'est un exploiteur que j'admire :
Sa boutique est un affreux trou,
Où l'on pai' tout ce qu'on dépose;
Mais si jamais il vous propose
Là-dessus de vous prêter un sou,

    Qu'on l'expose, etc.

Histoir' d'entraîner les gommeux,
A Mabille on voit la gommeuse

Fardé', platré', gommé', comme eux,
Quêter un souper d' cascadeuse.
Mais ayant séduit un johard,
S'il en est un', par aventure,
Qui refus' d'aller en voiture
Casser la patte d'un homard,

    Qu'on l'expose, etc.

Quand, à cheval sur un protèt,
L'huissier vient au nom d' la justice
C' n'est plus un homm', c'est un boulet :
Rien ne l'arrêt', faut qu'il saisisse !
Mais s'il s'en trouve un bon enfant...
Qui n' travaill' que les jours de fêtes,
Et s'entête à payer vos dettes
Pour vous saisir de... content'ment,

    Qu'on l'expose, etc.

Le mond' savant est très-malin :
Il a trouvé l'œuf dans l'om'lette,
L' sel dans l'esprit, l'eau dans le vin
Et l'entêt' ment dans l'allumette.
Mais lorsqu'un d' ces homm's de savoir,
Qui trou'vent qu'un homm' gras n'est pas
                       [maigre,
Trouv'ra l'moyen d' blanchir un nègre
Avec un morceau d' savon noir,

    Qu'on l'expose, etc.

A l'âge où l'on s' croit du talent,
J' fis un' pièce anti-littéraire,
Et j' l'intitulai bravement :
« *Adam à la r'cherch' de sa mère.* »
Il n'en trouvait pas, j' comprends ça ;
Cependant, si dans l'assemblée

Un' dam' s' déclare assez âgée
Pour étr' la mèr' d' son grand papa,

    Qu'on l'expose, etc.

J' comprends qu'un mari bon enfant
De temps en temps tromp' son épouse
Et qu'il la somm' de ficher l' camp,
Quand elle est d'humeur trop jalouse.
Mais celui qu' sa femm' fait cornard,
Et qui se veng' de la coquine
En chantant l'air de Joséphine
En cal'çon d'bain sur l'pont des **Arts,**

    Qu'on l'expose, etc.

On aime *changer* ici bas :
On chang' de goûts, de pays, d' ville,
De chapeau, de pipe, de bas,
Et pas souvent de billets d' mille ;
On change aussi d'affection,
On chang' d'habitude avec l'âge,
On chang' d'assiette après l' potage ;
Mais l'homm' qui n' chang' pas d'opinion,

    Qu'on l'expose, etc.

S'il est, dans l'univers entier,
Un vieux pochard, à rouge trogne,
Qui préfère le Saint-Galmier
Aux crûs capiteux d' la Bourgogne;
S'il est une femm' sans défauts
Ou bien un *Bossu* qui se vante
De porter sa boss' chez sa tante
Au lieu d' la porter sur son dos,

    Qu'on l'expose, etc.

Toujours *souffrir'* c'est notre lot :
Nous *souffrons l'* bonheur avec joie,

Les huîtres, avec un couteau,
Et les truff's, dans le pâté d' foie ;
Mais le sans-cœur d'époux martyr
A qui l'on dirait : « Mon p'tit père,
« J'viens t'débarrasser d'ta belle-mère, »
Et qui ne voudrait pas l' souffrir,

    Qu'on l'expose, etc.

C' qui caractéris' les maçons,
C' n'est pas la grâc', la poésie,
Non, messieurs, *c'est qu'nous leur devons*
L'invention d' la maçonn'rie ;
Au travail ils vont à pas lents,
Mais, quand *sonne l'heur' de la soupe,*
S'il en est un seul dans la troupe
Qui ne prenn' pas le mors aux dents,

    Qu'on l'expose, etc.

J'AI RATÉ L'TRAIN

CHANSONNETTE

Créée par A. BEN à l'Alcazar

Paroles de **A. BEN** et **R. D'HERVILLE**
Musique de **TAC-COEN.**

La musique se trouve chez LE BAILLY, Éditeur,
6, rue Cardinale, à Paris.

D'temps en temps j'crois qu'il est **sage**
D'aller faire un peu la cour
Aux parents dont l'héritage
Peut nous revenir un jour.

J'AI RATÉ L'TRAIN

A Saint-Germain, ma viell' tante
Doit vraiment s'impatienter,
Car j'avais à ma parente
Ecrit qu'j'irai déjeuner.

(*Parlé.*) Dans la crainte d'être en retard, je m'étais levé avant l'aurore comme les gens vertueux et les balayeurs ; j'étais à la gare un quart d'heure avant l'ouverture des bureaux, j'ai pris mon billet, le voilà mon billet (*Le montrant.*); seulement j'ai raté le train, mais je m'suis dit : Y a pas d'erreur, j'prendrai l'autre, puisque :

J'ai raté l'train d'saint, (*bis*) }*bis.*
J'ai raté l'train d'Saint-Germain. }

Je vais vous en dire la cause,
C'était l'moment du départ,
Quand une petite femme en rose
Vint s'offrir à mon regard.
En lorgnant sa fine taille,
Je m'dis, l'cœur tout sens d'ssus d'ssous,
« Que l'train d'Saint Germain s'en aille,
« J'en s'rai pour mes trent'-trois sous.»

(*Parlé.*) Comme ma tante ne déjeune qu'à midi et qu'il n'était que 9 heures du matin, j'avais donc le temps de suivre la charmante; je laissai donc partir le train de 9 heures 35 tout en m'disant: Y'a pas d'erreur j'prendrai l'autre, puisque: (*Au refrain.*)

Ell' prit, en sortant d'la gare,
La rue du Hâvre et mon bras,
Et tous deux rue Saint-Lazare
Nous marchions à petits pas.
J'offris à ma tourterelle

Mon cœur sans plus d'embarras,
Lui disant: Mademoiselle,
Acceptez dans tous les cas.

(*Parlé*.) Et comme je lui disais que mon cœur
était altéré d'amour, elle me dit : Payez-lui un
bock, ça nous rafraîchira tous les deux ; j'ai trouvé
ça très-drôle, et je l'ai emmenée déjeuner chez
Peter's. Il était midi un quart; trop tard pour prendre
le train à 35, je partis donc chez Péter's, en m'disant: Y'a pas d'erreur, j'prendrai l'autre, puisque :
(*Au refrain*.)

Elle voulut en voiture
Aller, ce charmant minois,
Pour admirer la nature,
Respirer l'air pur du bois.
Tout en prom'nant ma conquête,
Je m'di-ais pendant l' chemin :
« C'est égal, quell' drôle de tête
« On doit faire à Saint-Germain !

(*Parlé*.) A 5 heures 25, nous étions encore en
train d'admirer la nature autour du lac; il était trop
tard pour prendre le train de 35; comme elle avait
faim, le grand air lui avait donné de l'appétit,
nous entrâmes dans un restaurant du Bois de
Boulogne (voilà où ça devient amusant): au dessert
elle sort, j'attends 10 minutes, un quart d'heure,
une demi-heure, enfin au bout d'une heure et demie
le garçon me remet un billet ainsi conçu: «Monsieur,
je *cuis* une fille honnête; voilà l'omnibus de Passy
qui passe, je *la* prends pour m'en retourner chez
maman; bien des choses à votre tante.» Obligé de
m'en retourner tout seul n'emportant de cette

4.

journée qu'une mèche de cheveux qu'elle m'avait donnée pour que je lui achète le chignon pareil; je regarde ma montre, 9 heures 17 minutes, impossible d'arriver à la gare à 35! Je m'dis : Y'a pas d'erreur, j'prendrai l'autre; c'est égal qu'est-ce que je vais dire à ma tante quand elle me demandera pourquoi : (*Au refrain.*)

BON POUR L'EXPOSITION

ACTUALITÉ

Chantée par NICOL aux Ambassadeurs,

et G. CHAILLIER, à l'Alcazar d'Été
et au Concert Parisien.

Paroles de **BAUMAINE** et **BLONDELET**,
Musique de **G. CHAILLIER**.

*La musique se trouve chez LE BAILLY, Éditeur,
rue Cardinale, 6, à Paris.*

On a fait pour l'Exposition
Une chanson assez comique ;
De la chanter c'est l'occasion
En voici le r'frain drôlatique :
(*Comme un geignement de mitron*).
   Ah ! Voilà qui s'ra bon
      Pour la pose
      A l'expose,
   Ah ! Voilà qui s'ra bon
   Pour mettre à l'Exposition.

V'là du curieux, v'là du nouveau :
Paraît, la chose est drôl' tout d'même,

Que ceux qu'ont fait *trop cas des rôts*
N'ont pas vu l'champ d'Mars en carême !
Ah ! (*etc.*)

Un marchand d'meubl's que l'on croit **fou**
Vient d'trouver, croyez pas que j' brode,
L'chocolat au lait d'acajou ...
Lait d'acajou !.. ça c'est commode !
Ah ! (*etc.*)

On annonc' qu'un grand charcutier
Trouve ses becs de gaz si ternes
Qu'il va, ça va vous épater,
De ses vessi's faire des lanternes!
Ah ! (*etc.*)

Ceux qu'auront l'coco dégarni
S'ront loués pour mettre au pied des arbres ;
Ce dernier truc aux *chauv's sourit* :
Ils remplac'ront les tabl's de marbre !
Ah ! (*etc.*)

On vient pour les muets et les sourds
D'inventer une mécanique
Qui f'ra par jour 500 discours ;
Y en aura pas un de politique !
Ah ! (*etc*).

On vient d'inventer un piano
Industriel et rigolboche :
Pendant qu'on joûra son morceau
Çà tiss'ra des mouchoirs de poche !
Ah ! (*etc*).

On parle d'un tailleur fameux
Qui crée ses vêtements à la craie,
C'est pas étonnant qu'il *crée mieux*

Les vêtements qu'35 francs l'on paye !
      Ah ! (*etc.*)

J'ai vu les espagnols. Hélas !
Ils étaient chics, mais je préfère
A la fourchette un bon repas
Qu'un Espagnol à la cuillère !
      Ah ! (*etc.*)

Un pharmacien de Carpentras,
Grâce à ses pilules modèles,
Va rendr' les gommeux gros et gras,
Et tout's les p'tit's cocott's fidèles !
      Ah ! (*etc.*)

On expos'ra sans embarras
Dans un' vitrin' particulière
La têt' des maris qui n'ont pas
Eté cornus l'année dernière !

Il paraît qu'il n'y en a que trois à Paris y compris
la banlieue.
      Ah ! (*etc.*)

En l'honneur des corn's des maris,
Heureus'ment, v'là qui n'est pas bête,
Qu'on va hausser la port' Saint-D'nis !
Pour qu'ils pass'nt sans s'cogner la tête !
      Ah ! (*etc.*)

L'on va nous exhiber sculpté
Le mollet de Mamzelle Agathe,
C'est sur nature qu'on l'a moulé,
Sans crin, sans wareck et sans ouate.
      Ah ! (*etc.*)

La question du jour n'est pas mal :
L'on voit caché sous des bicornes

Un mari, plus... un animal,
Faut d'viner l'quel qui port' les cornes ?

Comment, dites-vous madame, tous les deux ?
— Vous avez deviné ; seulement, il y a une petite
différence. L'animal c'est un cerf, et le mari c'est
un daim.

Ah ! (*etc.*)

Plus d'cors, d'oignons, ni durillons,
Un pédicur' qu'a d'la jugeotte
Vient d'trouver une composition
Pour guérir les oignons en botte !

Ah ! (*etc.*)

Eh ! bien ! et le nouveau restaurant des Ambassadeurs, c'est ça qui est curieux.

Quand au public on servira
Un merlan sauce à l'Italienne,
Pendant que l'artiste chant'ra
L'merlan chant'ra la Tyrolienne.

Ah ! (*etc.*)

En politique v'là du nouveau :
Il paraît, c'est épouvantable,
Que dans huit jours, neuf au plus tard,...
(*Il se gratte le front et se tire les cheveux ; il
pousse un cri*) oh !
J'me rappell' plus c'que j'voulais dire !

Ah ! (*etc.*)

Bref ! on dit qu'dans l'exposition
Y aura des hyèn's et pas d'panthères :
J'vas prier l'administration
D'les remplacer par des bell'-mères !

Ah ! (*etc.*)

TARTARIN DE TARASCON

CHANSONNETTE COMIQUE

Créée par Armand BEN à l'Alcazar d'Été

Paroles de **DELORMEL** et **VILLEMER**
Musique de **TONY RIEFFLER**

La musique se trouve chez LE BAILLY, éditeur,
rue Cardinale, 6, à Paris,

(*Accent méridional.*)

Je suis, faut-il vous le dire ?
Tartarin de Tarascon.
Dans ma ville, sans médire,
C'est moi qui donne le ton.
Je n'aime pas le scandale;
Mais, comme on vantait l'esprit,
Des gommeux de la capitale,
Voyons-les, me suis-je dit.

(*Parlé.*) Sitôt dit, sitôt fait ; je fus à la gare, je
pris mon billet, et la vapeur aidant, j'arrivai
dans ce Paris si vanté ; je me rendis immédiate-
ment sur le cours des Italiens, histoire de me ren-
dre compte par moi-même; je les vis ces gommeux
de Paris, je me les comparai.... Eh! bien, vous
savez, là ! entre nous, la main sur la boutonnière,
pour le chic et le bon ton...

Eh ! té ! digue ligue vingué digue mon bon,
    N'y'a que Tartarin de Tarascon.
Eh ! té ! digue ligue vingué digue mon bon,
N'y'a que Tartarin, Tartarin de Tarascon.

A Tarascon quand les femmes,
Sur le cours me voient passer,

Leurs cœurs s'emplissent de flammes
Que je ne puis apaiser.
Toutes d'un œil sympathique,
Je le dis sans vanité,
Contemplent mon doux physique
Comme un type de beauté.

(*Parlé.*) Et c'est drôle... j'eus beau me promener de profil, en long, en large et en travers sur les boulevards... pas plus d'œillades de dames que dans le creux de ma main... té ! me dis-je, mon bon, c'est bien simple : elles ont peur de toi, c'est la beauté de ton profil qui les épouvante... parce que vous savez, là, entre nous la main sur la boutonnière...pour la faussette du menton (*Au refrain.*)

Tarascon donne la mode
Bien longtemps avant Paris;
C'est son chic et sa méthode
Que les Parisiens ont pris.
Voyez-moi cette tournure,
Et dites-leur donc aussi
A vos tailleurs sur mesure
De vous habiller ainsi.

(*Parlé.*) Je sais bien qu'ils vous diront tous qu'ils ont du cachet, mais le tout n'est pas de le dire... tenez, moi qui vous parle, mesdames, j'ai du cachet instinctivement... fussé-je en simple caleçon, j'ai un parfum d'homme du monde peu commun ; mais si je revêts le pantalon à pieds d'éléphant, le gilet vainqueur et à cœur... si j'ajoute à cela le veston que voilà... oh ! oh alors, place à ma paupière, je n'ai pas l'habitude de me passer de la pommade, non... mais vous savez, entre nous, la main sur la boutonnière... pour la coupe du veston ..
(*Au refrain.*)

A Tarascon, la coutume
Est d'avoir un profil grec
Çà fait parti' du costume :
Nous venons au monde avec.
Aussi, je veux bien le croire,
Quand on prétend qu'Tarascon
Fut, quoiqu'en dise l'histoire,
Le vrai berceau d'Apollon.

(*Parlé.*) Vous en avez bien qui vous affirmeront
que le vrai naquît dans le département de l'Olympe,
mais qu'est-ce que le vrai auprès de cette cam-
brure ? Tenez, mesdames, je vous en fais juges;
vous n'êtes pas sans avoir rencontré plus ou moins
un petit Apollon sur votre chemin....ne rougissez
pas. Eh ! bien, en vîtes-vous jamais un de moulé sur
ce patron? non! parce que vous savez, là! entre nous,
la main sur la boutonnière, pour la distinction...des
sourcils jusqu'au talon...à moi le pompon! (*Au refrain.*)

Une idé' drôle me tente:
A la grande Exposition
Il faudra que je présente
Cette proposition:
Je voudrais qu'on y expose
Les gommeux de tous pays,
Et qu'on décerne la rose
A celui qu'aura le prix.

(*Parlé.*) Et vous savez, entre nous, je serais
certain de rapporter la rose à Tarascon. Voyons,
mesdames, je vous en fais juges, si vous aviez la
rose à offrir... à qui la donneriez-vous ? Eh allons,
voyons, ne barguignez pas.. dites-le, dites-le donc!
vous n'osez pas, mais ça n'empêche... vous me la

décernez mentalement... Té ! je la sens... elle est
là ! (*Il montre sa boutonnière.*) Je la respire, elle
embaume. Eh ! vous avez raison... parce que vous
savez, entre nous, la main sur la boutonnière,
pour le torse et la raie sur le front.

Eh ! té ! digue ligue vingué digue mon bon }
   N'y a que Tartarin de Tarascon.   } *bis.*

LA MARCHANDE D'ESPRIT
RONDE CHARLATANESQUE

Paroles et musique de L. DURBEC

*La musique se trouve chez LE BAILLY, Éditeur
rue Cardinale, 6, à Paris*

Voilà, voilà la marchande d'esprit !
Rose, Jeannette ou Marguerite,
Accourez tous, venez bien vite ;
Voilà, voilà la marchande d'esprit !

   Mes belles demoiselles,
   Aux ardentes prunelles,
   Qui croyez tout savoir,
   Venez dans ma boutique,
   Car mon remède unique,
   Je le donne, ce soir !
   Mais demain, la bouteille,
   A la liqueur vermeille,
   Que je tiens dans mes doigts,
   Vous la payerez, je pense,
   En bon argent de France,
   Deux francs !... et même trois !

5

LA MARCHANDE D'ESPRIT

Parlé. — En avant la musique ! (*Faisant le geste de frapper sur une grosse caisse.*)

Zimm ! boum ! boum !

(*Montrant la petite fiole qu'elle a dans sa main*).
Taratataphilipolidoriphidzère !
Ça donne de l'esprit à ceux qui n'en ont guère !
Taratataphilipolidoriphidza !
Ça donne de l'esprit à ceux qui n'en ont pas !

Parlé. — Oui, Mesdames et Mesdemoiselles, je suis venue, aujourd'hui, sur cette place publique, non pas pour vous montrer mon physique et ma tournure, qui, du reste, comme vous pouvez bien le voir, ne laissent rien à désirer,... mais pour vous apporter, et soumettre à votre juste appréciation une liqueur nouvelle... et de ma composition. Cette liqueur agréable, admirable, délectable, inestimable, soit à jeun, soit à table, et pour laquelle des dames très-honorables m'ont donné des certificats remarquables et justifiables sur ses qualités incomparables et inappréciables... c'est mon fameux *Taratataphilipolidoriphidza !* — Aujourd'hui, ce n'est pas pour vous le vendre, mais c'est pour vous le donner que je suis venue ici. (*Au refrain.*)

Dis donc, belle mignonne,
Toi qui crois que Narbonne,
Soit un pays de fous,
Quelle est la différence
D'un melon de Provence
Avec deux cantaloups ?
Tu n'en sais rien, petite,
Mais tu l'apprendras vite,
Si tel est ton désir :
Car pour savoir la chose

Il suffit d'une dose
De mon grand élixir!

Parlé. — Eh! bien! — Vous ne trouvez pas la
différence qu'il y a entre un melon de Provence et
deux cantaloups? — Non!... Je vais vous la dire,
moi : c'est que, *un* melon de Provence représente
le singulier, tandis que *deux* cantaloups repré-
sentent le pluriel. Mais du reste, ce ne sont jamais
que des melons ensemble... pourvu toutefois,
qu'ils se trouvent dans le même panier ; car, différemment, les cantaloups peuvent devenir singulier,
tandis que le Provençal peut devenir pluriel. —
Et c'est précisément pour cette raison (*Parlant
très-vite.*) que les habitants de Brives-la-Gaillarde
disaient que ceux de Noisy-le-Sec prétendaient
que ceux de Nanterre avaient dit que ceux de
Choisy déclaraient hautement que les habitants de
Château-Thierry jugeaient que ceux de Nontron ne
pensaient pas que ceux de Tonnerre n'auraient
jamais voulu croire qu'entre l'Arc-de-triomphe de
l'Étoile et la place de la Concorde, tout aussi bien
qu'entre Paris et Lyon, il n'était pas possible
qu'un rayon de soleil parvînt à se faire jour au
milieu d'une nuit fort obscure, et parmi les gron-
dements du tonnerre qui se feraient entendre dans
un lointain très-rapproché, le tout éclairé par un
superbe clair de lune! — Faut-il que ces gens-là
aient de l'esprit! hein? — Eh bien! c'est moi qui
es traite. (*Au refrain.*)

J'en donne ma parole :
Cette petite fiole
Que je tiens dans ma main,
Est une pure essence
Qui détruit l'ignorance,

Du jour au lendemain !
Oh ! direz-vous peut-être,
Je voudrais bien connaître
Sa composition ?
Je vais donc tout vous dire,
Afin de vous instruire
Sur mon invention !

Parlé. — Oui, mon invention! En deux mots, je vais vous en donner la clef ; mais comme je ne pense pas qu'il y ait des sténographes dans l'aimable société, et que, du reste, on m'a coupé le filet de manière à ce que je ne parle pas trop lentement, je ne crains guère que l'on me prenne mon secret, à sa simple exposition. — Le voici dans toute sa simplicité. — Pour avoir de l'essence d'esprit, prenez : (*Très-vite.*) Une demi-livre d'intelligence rare, une livre de génie et trois de bon sens ; faites-en un hâchis que vous saupoudrez avec de la farine de bonne humeur ; pétrissez le tout ; réduisez-le en forme de galette, et faites macérer, pendant trois jours, dans un bocal rempli d'eau de gaieté. Au bout de ce temps, jetez votre galette, mais conservez votre eau précieusement et préparez vos fourneaux. — Prenez alors une casserole, bien étamée au blanc de *sept ruses* ; jetez votre eau dedans ; allumez un feu vif d'imagination, et chauffez, pendant un bon quart d'heure, avec du bois d'espièglerie ; lorsque l'eau est en état d'ébullition, faites-y tremper, pendant huit minutes, une racine de patience, un peu de graine de moutarde, l'étui à lunettes de votre concierge, deux pincées de tabac prises dans la tabatière de la cuisinière, et trois onces de malice ; arômatisez le tout avec dix gouttes d'excentricité, retirez du feu, et laissez refroidir. — Puis, transvasez, et mettez en fioles ;

la liqueur est prête. — En avant la musique ! Zimm ! boum ! Tarata, etc. (*Pendant le récit, elle met la fiole dans sa poche, et se retire en saluant.*)

Cette chanson fait partie de la collection toute spéciale créée par l'éditeur Le Bailly, rue Cardinale, 6, le *Vade mecum* des pensionnats, à l'usage des maisons d'éducation; ce catalogue sera envoyé franco contre toute demande affranchie.

L'EXPOSITION UNIVERSELLE

DE 1878

HYMNE DE PAIX

Paroles d'Hyp. CHATELIN et Jules CHOUX

AIR : *Les Trois couleurs*, ou : *T'en souviens-tu ?*

Quel bruit soudain a frappé nos oreilles?
Les étrangers viennent de toutes parts,
Pour exposer, à Paris, les merveilles
De l'Industrie ainsi que des Beaux-Arts.
Venez à nous, ô peuples de la terre,
Offrir encor ce spectacle aux humains ;
Pour le génie il n'est plus de barrière.
Peuples, venez, nous vous tendons les **mains**

Du Champ-de-Mars, enceinte consacrée,
Naguère encore, à nos vaillants soldats,
On a changé la fière destinée...

Pourtant on doit y livrer des combats.
Mais ces combats ne blesseront personne;
Reposez-vous, ô nobles escadrons!
Peuples, venez, quand le progrès rayonne,
Venez nous vaincre et nous applaudirons.

Toi, de tout temps, rivale de la France,
Viens, Albion, prendre place au tournoi;
Viens, Italie, ô terre d'espérance,
Trouver chez nous ce qui manque chez toi.
Venez, enfants de la vieille Ibérie,
Venez, Germains, Slaves, Russes, Danois,
Noirs Africains, peuples jaunes d'Asie,
Venez chez nous pour la troisième fois.

Salut à vous, les fils du Nouveau Monde!
Américains, pour venir jusqu'à nous,
De vos vaisseaux quand vous sillonnez l'onde,
Bravant les flots et les vents en couroux,
Venez montrer à notre chère France
Que l'Union rend les peuples plus forts;
Américains, fiers de votre présence,
Nous acclamons votre entrée en nos ports.

La guerre a fui... la paix règne sur terre,
D'un bout du monde enfin à l'autre bout;
Le gai travail doit chasser la misère,
Et le progrès étincelle partout.
Peuples, chantez un hymne d'allégresse,
Quand le bonheur renaît chez les humains;
Dans l'avenir lisez une promesse,
Peuples, venez, nous vous tendons les mains

GLOIRE A LA PAIX

AIR DE *la Marseillaise*

La Musique se trouve chez *LE BAILLY*, Éditeur,
rue Cardinale, 6, à Paris.

Peuples venus des bouts du monde,
Au soleil de la liberté,
La France, à cette heure féconde,
Vous offre l'hospitalité. (*Bis*)
Dans le temple de la Victoire,
Assis au banquet fraternel,
Signons un pacte universel,
Avec les palmes de la gloire.

Salut aux étrangers ! chantons l'hymne de paix,
La Paix (*bis*) c'est le progrès: qu'on la garde à jamais.

Quels transports dans nos airs de fête!
Dans notre éclat que de grandeur !
C'est l'ivresse de la conquête
Acclamant l'esprit créateur. (*Bis*)
Que nos principes s'affermissent
Sur les bases de l'univers ;
Au sein des cités, des déserts,
Que nos voix partout retentissent !

Salut aux étrangers, etc.

La terre a brisé ses murailles ;
Les éléments sont confondus.
Dans nos pacifiques batailles
Tous les cieux se sont entendus. (*Bis.*)
Quel cœur dans la moindre poitrine
Ne bondirait à notre aspect,

Quand devant nous avec respect
La nature même s'incline !

Salut aux étrangers, etc.

Couchés dans leur cendre barbare,
Les siècles soudain ont gémi ;
Aux grands destins qu'on lui prépare
Le nôtre d'orgueil a frémi. (*Bis.*)
Nous avons comblé les abîmes
Où se perdait notre néant,
Avançons à pas de géant,
L'avenir est là sur nos cîmes.

Salut aux étrangers, etc.

L'hydre sanglante de la guerre
A déchiré ses étendards ;
La science a vaincu la terre,
Les arts puissants sont nos remparts. (*Bis.*)
Le travail est notre vaillance,
Et le fer, magique flambeau,
N'a d'éclairs sous notre drapeau
Que pour dissiper l'ignorance.

Salut aux étrangers, etc.

Amour sublime, astre, lumière,
Bénis tes héros nouveau-nés ;
A ton char, en notre carrière,
Tiens tous les peuples enchaînés. (*Bis.*)
Oui, sur les ailes du génie
Portés vers l'immortalité,
Nous sommes dans l'humanité
Les fils d'une même patrie.

Salut aux étrangers, etc.

Louis PÉRON.

8.

LES BOUCHERS

CHANSONNETTE

Créée par DOUCÉ à la Scala.
Paroles de **L. LAROCHE** et **DUHEM**.
Musique de **TAC-COEN**.

La Musique se trouve chez LE BAILLY, Éditeur,
rue Cardinale, 6.

Marcia

Les bou_cherssont debonsvivants

Qui n'aim'nt pas la mé_lan_co_

_li_e, Ils sont toujoursgaisetcon

_tents, Car à tous pro_pos *leurbou_ch'ri_*

REFRAIN. Allô

_e_____ Y'en _n'a pas comm'

les bou_chers Pour ai_mer à

ri_re,_ri_re, Y'en n'a pas comm'

les bou _ chers pour ai _ mer à ri _ go _

_ ler; Car le plus _ chic des _ mé _ tiers _

C'est ce _ lui de bou _ che, bou _ che,

Car le plus chic des mé _ tiers, Mes _ à _

_ mis, c'est ce _ lui d'bou _ _ cher.

La preuv' que c'est des bons vivants,
C'est qu'ils aim'nt beaucoup fair' bombance,
Et qu' pour égayer leurs clients,
Ils leur serv'nt de *la réjouissance. (Au Refrain.)*

Tout's les femm's raffoll'nt des bouchers,
Et bien sûr n'en f'raient qu'un' bouchée,
Car les bouchers bien embouchés
N'ont pas l'intelligenc' bouchée. (*Au refrain.*)

Il faudrait, pour sûr, à Paris
Autant de bouchers qu'il y a d' bornes ;
Si l'ont y vendait les maris
Qu'ont l'front comm'ceux des bêt's à cornes.

(*Au refrain.*)

On pourrait se croir' chez les Grecs
En voyant leurs femm's à la caisse :
Car, comme ell's mang'nt beaucoup d' beafteaks,
On dirait *des montagn's de graisse.*

(*Au refrain.*)

Quand il sort, faut voir le boucher
Fumer des cigar's et fair' cannel
Car au contrair' du *charcutier,*
Le boucher n'est pas dans *la panne.*

(*Au refrain.*)

Le boucher n'est pas un foi' blanc :
Quand par hasard quelqu'un l'embête,
Il prend l' gaillard et carrément
Lui flanque un mou d' veau sur la tête.

(*Au refrain.*)

D'après Lafontaine ou... Boileau,
Comm' l'animal pense et babille,
Je m'dis, quand j'entends braire un veau :
C' veau-là z'est p't-êtr' de ma famille.

(*Au refrain.*)

Parlé. — Le boucher est un homme bien édu-
qué : et la preuve, c'est que si les professeurs
enseignent dans les colléges, le boucher qui fait
commerce des bêtes, *en seigne* aux abattoirs...
De plus, il expose tous les ans, comme les peintres,
pour avoir *la médaille,* et si le jury ne la lui donne
pas, il s'en console avec ses gigots...car, les gigots,
ce sont *des mets d'ail...* Les bouchers, en un mot,
sont des hommes loyaux, doux comme des
agneaux, qui vous fourrent des os à tire-larigot et qui
sont rigolos : car..... (*Au refrain.*)

AU DRAPEAU DE LA FRANCE

CHANSON A BOIRE

Créée par DEBAILLEUL au XIXe Siècle.

Paroles de Léon LAROCHE et DUHEM
Musique de TAC-COEN.

*La Musique se trouve chez LE BAILLY, Éditeur,
rue Cardinale 6, à Paris.*

Quand je vois du vin dans mon verre
Je me sens plus heureux qu'un roi,
Car tous les sceptres de la terre
Ne valent pas le vin pour moi ;
Le vin me séduit et me charme,
Et s'il entraîne ma raison,
Il fait disparaître une larme
Et naître un refrain de chanson.

Le vin c'est l'espérance,
Et quand j'en ai deux doigts,
Je prends mon verre et bois,.
Et bois aux chansons de la France. } *Bis*

De toutes les choses humaines
Le vin seul réchauffe le cœur,
Car il circule dans nos veines
Comme un sang régénérateur ;
A la femme, jusqu'à la lie,
Versons donc ce vin généreux,
Car un verre la rend jolie
Comme une Bacchante à nos yeux.

Le vin, c'est l'espérance,
Et quand j'en ai deux doigts,
Je prends mon verre et bois,
Et bois aux femmes de la France ! } *Bis*

Lorsque Noé dota le monde
De sa vigne aux puissants effets,
Il fit, dans sa bonté féconde,
Une large part aux Français;
Car nos vendanges colossales
Renferment dans leur vin nouveau
Les trois couleurs nationales
Dont se pare notre drapeau.

Le vin, c'est l'espérance,
Et quand j'en ai deux doigts,
Je prends mon verre et bois,
Et bois au drapeau de la France !

⎫
⎬ *Bis*
⎭

IL EST MINUIT

TABLEAU NOCTURNE

Chanté par **BERTHELIER**

Paroles de **Jules MOINAUX**

La musique se trouve chez ESCUDIER, Éditeur,
21, rue de Choiseul, à Paris

Il est minuit ! Il est minuit !
Chacun a fermé sa boutique ;
L'un dort allongé dans son lit,
L'autre que Bacchus a réduit,
Ronfle sur la place publique.
Il est minuit ! Il est minuit !
(*Ronflement.*)
Il est minuit ! Il est minuit!
Dans une douce rêverie,
Assis près d'un lampion qui luit,
L'Invalide veille sans bruit

Sur les gravats de sa patrie !
Il est minuit ! Il est minuit !

Il est minuit ! Il est minuit !
Au fond de sa boulangerie,
Sans pantalon et sans habit,
Le malheureux mitron pâtit
Et geint, en songeant à sa mie.

Parlé. (Geste de pétrir.) Hein! hein! (*Voix avinée.*)
Eh dites donc, l'homme au torse, vous n'auriez pas
un coup à boire pour un ami... Hein ! hein ! impossible, je ne peux pas faire le *pain* sans *levain;*
allez-vous-en.

Il est minuit ! Il est minuit !

Il est minuit ! Il est minuit!
Au cabaret qui donc babille ?
Qui joue aux cartes à grand bruit ?
Des citoyens, l'espoir béni
Du pays et de la famille.

Parlé. Le peup' y a qu'ça : pique — Oui y
qu'ça : repique ; toute la paye y passera. — E
ta femme ? — Ma femme je m'... atout et l
tienne ? — La mienne je m'... ratatout capot !
J'ai la vole — T'as triché — Moi? — Oui toi. — Tien
(*Giffle.*) — Tiens (*Giffle*). — (*Le sergent de ville.*
Hé là-bas, voulez-vous rentrer chez-vous, ou je va
vous conduire au poste. — Oh ! malheur ! y n'y
donc plus de fraternité ! — (*Le sergent.*) Allons, file
et plus vite que ça.

Il est minuit ! Il est minuit !

Il est minuit! Il est minuit !
L'heure où les chats font leur tapage ;

Et sur les toits, toute la nuit,
Couché dans mon humble réduit,
Je vais entendre leur ramage.
(*Imitation des chats.*) Il est minuit ! Il est minuit !

LE TEMPS DES ROSES

ROMANCE

Créée par DEBAILLEUL au XIXe Siècle

Paroles de **VILLEMER** et **DELORMEL**
Musique de **Paul COURTOIS**

*La musique se trouve chez LE BAILLY, Éditeur,
rue Cardinale, 6, à Paris.*

Ninon, voici le temps des roses,
Mon cœur est gai comme un pinson,
Les violettes sont écloses :
Prenons la route de Meudon.
C'est assez te parer, coquette,
Laisse-là dentelle et rubans ;
A quoi bon te mettre en toilette,
Pour aller fêter le printemps !

Les bois sont verts, la brise est douce,
Avril remet ses verdoyants atours,
Dans les sentiers couverts de mousse
Allons chercher un nid pour nos amours.

Refaisons ce pèlerinage,
La main dans la main tous les deux ;
Viens, nous trouverons, sous l'ombrage,
L'écho de nos rires joyeux.

LE TEMPS DES ROSES

Tous les rossignols en délire,
Merles moqueurs et gais pinsons,
Tous vont s'éveiller pour te dire
Bonjour, à travers les buissons.

Les bois sont verts, *etc.*

Dans mes yeux si ton cœur sait lire,
Ninon, mets ton bras sous mon bras ;
Le printemps finit de sourire,
Viens cueillir les derniers lilas !
Viens ! nous referons, ô ma mie,
Les rêves que j'aimais jadis ;
Je veux sur ta bouche endormie,
Chercher les clés du paradis.

Les bois sont verts, *etc.*

NOS DANSEUSES

CHANSONNETTE.

Chantée par **BERTHELIER**.
Paroles et Musique d'**ED. LHUILLIER**.

La Musique se trouve chez ESCUDIER, Éditeur,
21, rue de Choiseul.

Dans tous les salons, j'entends dire :
Rien n'est bête comme un danseur !
Et chaque dame de sourire
D'un petit air approbateur.
Pourquoi, si nous sommes si bêtes,
Tant de frais pour nous attirer ?
Pour qui ces brillantes toilettes,

Si ce n'est pour nous les montrer?
Puis, croyez-vous que nos danseuses,
Dépensent pour nous tant d'esprit?
Les trois quarts sont fort peu causeuses,
A peine écoutant ce qu'on dit.
Leur seul but étant d'être belles
Et de chercher à s'éclipser,
Nous ne sommes souvent pour elles
Que des machines à danser!
Comme c'est amusant! comme c'est engageant!
Pourtant, pourtant, voilà de nos danseuses
Si gracieuses et si moqueuses,
Voilà sans compliment,
Le portrait charmant et fort ressemblant!

De quoi voulez-vous que l'on parle
A sa danseuse, en galopant?
De piano, de son cousin Charles,
De la Pologne ou du couvent?
Eût-on tout l'esprit de Voltaire,
C'est du bien perdu dans les bals;
Et ne vaut-il pas mieux se taire,
Que tenir ces propos banals?
— Il fait bien chaud, Mademoiselle?
(*Voix de jeune fille.*)
— Oui, Monsieur! — Ce bal est charmant!
— Oui, Monsieur! — Patti vous plaît-elle?
— Oui, Monsieur! C'en est agaçant!
Et la mère qui vous regarde,
De loin, en faisant de gros yeux
Qui semblent dire: prends bien garde!
Ces danseurs sont si dangereux:
Comme c'est amusant! comme c'est engageant
Pourtant, pourtant, *etc.*

Nous avons l'espèce railleuse,

Toujours riant et critiquant ,
Et qui, dans son humeur moqueuse,
Déchire chacun en dansant !
Nous avons *la sentimentale*,
Qui, coiffée en saule pleureur,
Prenant des poses de vestale,
N'ose regarder son danseur !
Il en est d'autres, je vous jure,
(Mais çà je vous le dis tout bas !)
Qui ne dansent pas en mesure :
Vous comprenez notre embarras.
— C'est un peu lent, Mademoiselle,
  (*Voix de jeune fille.*)
— C'est trop lent, Monsieur, vous croyez ?
Allons plus vite ! me dit-elle,
Tout en m'écrasant les deux pieds !
Comme c'est amusant ! comme c'est engageant !

Pourtant, pourtant, *etc.*

Puis, nous avons *l'abandonnée !*
Pauvre fille seule en son coin,
Que, par bon cœur, dans la soirée,
On fait danser de loin en loin !
Ou bien c'est la *Petite fille*
De la maison, que poliment,
Il faut régaler d'un quadrille !
Ah ! quel plaisir, quel agrément !
Puis, *nos Parentes, nos Cousines,*
Que, par respect pour nos aïeux,
Nous faisons danser (quelles mines !)
Sur l'air : *Où peut-on être mieux.*
Enfin nous avons les *Grands-mères,*
Qui, vers la fin d'un bal, parfois,
Cédant à d'instantes prières,
Daignent danser comme autrefois !

Comme c'est amusant! comme c'est engageant!
Pourtant, pourtant, *etc.*

> Puis, ces sylphides éthérées
> Qu'un zéphir flétrit, en passant,
> Sans en paraître fatiguées,
> Danseront douze heures durant!
> Lorsque le *Cotillon* arrive,
> Voyez-les toutes s'élancer,
> Et, j'squ'à ce que mort s'en suive,
> Forçant leurs danseurs à danser !
> En vain les *Grands-parents* se plaignent,
> En vain plus d'un danseur à fui,
> En vain tous les lustres s'éteignent,
> En vain déjà le jour à lui.
> (*D'une voix essoufflée.*)
> « Mesdames, arrêtez de grâce :
> Nous ne pouvons plus faire un pas ! »
> Qui, nous, messieurs quitter la place ?
> *On meurt, mais on ne se rend pas.* »

Comme c'est amusant ! comme c'est engageant!
Pourtant, pourtant, *etc.*

NOS DANSEURS

Réponse à NOS DANSEUSES (**BERTHELIER**)
CHANSONNETTE D'ACTUALITÉ.
Chantée par Madame Julie **TEISSEIRE**.
Paroles et Musique de **ED. LHUILLIER**.
La Musique se trouve chez ESCUDIER, Éditeur,
21, *rue de Choiseul.*

> Je n'y tiens plus, cela m'indigne :
> Eh quoi, j'apprends que nos danseurs

Contre nous, quelle audace insigne !
Composent des couplets moqueurs ?
Avec ça qu'ils sont bien aimables
Dans leur langage et leurs façons,
Ces beaux danseurs fashionables,
Pour oser nous mettre en chansons !
Regardez leur air de victime
Dans un bal ! on dirait vraiment
Qu'ils viennent de commettre un crime,
Ou qu'ils vont à l'enterrement.
De compliments ils sont avares,
Et, s'ils nous parlent, quelquefois,
Leurs propos sentent les cigares
Dont ils ont parfumé leurs doigts !
Quant à leur danse franchement
Feu Vestris dansait autrement !

    Oui, de nos danseurs
    Et de nos valseurs,
    Voilà, trait pour trait,
    Le charmant portrait !
    De ces jeunes gens
    Si causants, si galants,
    Voilà, voilà le portrait,
       Voilà (*bis.*) le portrait
         Trait pour trait.

Et si vous soupçonniez la peine
Et le mal que l'on a, ma foi,
A réunir une douzaine
De ces jolis danseurs chez soi !
Aussi je prévois, pour les fêtes
Qu'en louant des vases de fleurs,
Des candélabres, des banquettes,
On louera bientôt des danseurs.
Suivant leur esprit et leurs jambes,

A tant par heure on les payera ,
Les plus causeurs, les plus ingambes
Feront prime : on les cotera.
Peut-être alors, par concurrence,
Et se piquant d'honneur, un jour
Les jeunes Benoîton, en France,
Seront aimables à leur tour...
Mais ce miracle on y croira
Seulement quand on le verra !

        Oui, *etc.*

Avec quel ton de suffisance,
De petits jeunes gens fourbus,
Vrais collégiens en vacance,
Répondent: Je ne danse plus !
Voyez-les, quittant leur cravache
Mais conservant leur mauvais ton,
Friser l'espoir d'une moustache
Qu'ils n'ont pas encor au menton !
On voit que c'est une corvée
Qu'ils accomplissent, en dansant ;
Et sitôt qu'elle est achevée,
Ils se retirent en bâillant,
Ils se regardent dans la glace,
Passent la main dans leurs cheveux,
Et vont vite reprendre place
A l'entour des tables de jeux.
La Dame de pique, il paraît,
Bien plus que nous a de l'attrait.

        Oui, *etc.*

Nous avons le danseur timide,
(Espèce rare en nos salons,)
Et qui rougit, d'un air candide,
Si par hasard nous lui parlons.

Puis le danseur d'un certain âge,
Qui valse à trois temps, gravement,
Et bat encor, malgré l'usage,
Un entrechat, gaillardement.
Puis l'impétueux militaire,
Dont les éperons, en valsant,
A chaque tour, on a beau faire,
Déchirent dentelle et volant,
Puis, mais j'en aurais trop à dire...
A ces beaux danseurs, seulement
Je conseille de ne plus rire
De leurs danseuses, prudemment:
Car si mes portraits sont railleurs,
J'en passe encore et des meilleurs !

Oui, *etc.*

LE BOURGUIGNON

CHANSON A BOIRE

Créée par DEBAILLEUL au XIX⁰ Siècle

Paroles de **LAROCHE** et **DUHEM**
Musique de **TAC-COEN**

*La musique se trouve chez LE BAILLY, Éditeur,
6, rue Cardinale, à Paris.*

Quand le soleil, de ses rayons,
A mûri la grappe vermeille,
On la presse et les Bourguignons
En mettent le jus en bouteille;
Les soirs d'hiver, au cabaret,
A table avec les camarades,

LE BOURGUIGNON

Ils boivent de ce vin clairet,
Et s'en versent force rasades.

Le Bourguignon,
Joyeux luron,
Franc d'allure et de caractère,
Aime chanter, rire et vider son verre;
Quand il est plein de ce vin p'lur' d'ognon,
Qui rougit le bouchon, qui rougit le bouchon
Et la trogne du Bourguignon.

Ce vin-là n'est pas frelaté:
Il n'a pas le cachet de cire,
Mais il renferme la gaîté,
Car il est plein d'éclats de rire;
Il réjouit sans nul détour
Et rend la beauté moins rebelle;
Car dès qu'on le verse, l'amour
Y trempe le bout de son aile.

Le Bourguignon, etc.

Ce vin-là réchauffe le cœur,
Et met à chacun dans la bouche
Des refrains que l'on chante en chœur
Aussitôt que la lèvre y touche;
Ce n'est pas le couplet grivois
Qui du fond des verres s'élance,
C'est la chanson où plusieurs fois
Revient le nom de notre France.

Le Bourguignon, etc.

MA CLÉMENTINE

CHANSONNETTE

Créée par **LIBERT** à la Scala
Paroles de **DELORMEL** et **LOYAT**
Musique de **PAUL COURTOIS**

La musique se trouve chez LE BAILLY, Éditeur,
6, rue Cardinale, à Paris.

Quand maman, par testament,
Me légua la clé d' sa caisse,
Pour me donner d' l'agrément,
J' pris Clémentin' pour maîtresse.
Je m'nais une vrai' vi' d' crevé,
Lorsqu'un beau jour Clémentine
File en emportant ma clé ;
Et si j'suis dans la débine,

C'est que je n'ai plus ma clé,
C'est que je n'ai plus ma men,
C'est que je n'ai plus ma Clémentine. (*Bis.*)

Clémentine vendait des fleurs
Sur l' boul'vard des Capucines.
Pour fair' l'union de nos deux cœurs
J'ach'tais toutes ses églantines.
Chaqu' jour d'un nouveau bijou
J'ornais sa tête mutine,
Et si je viens d' mettre au clou
Ma belle montre en platine,

C'est que, etc.

Quand j'passais sur les boul'vards,
Env'loppé dans ma gâteuse,
Rien qu'avec un de mes r'gards

Je rendais un' femme heureuse.
Et tout fier de mes succès,
Je dév'loppais ma poitrine;...
Maintenant si je vous fais
Une aussi triste bobine.

C'est que, etc.

Dans ce temps de mes splendeurs
J'étais tous les jours en fêtes :
Chez les grands restaurateurs
Je faisais d'énormes dettes.
Je n' déguste plus d' vins fins,
Je fais moi-mêm' ma cuisine,
Et si j' bois chez l' marchand d' vins
Du vin rouge à la chopine,

C'est que, etc.

Des gommeux j'étais le roi :
On m'voyait à tout's les courses,
Pour la mod' je faisais loi,
J'étais rempli de ressources.
J'avais un chic étonnant,
On parlait d' moi jusqu'en Chine.
Si j' suis vêtu maintenant
D'habits faits à la machine,

C'est que, etc.

Jadis j'avais des grands bois,
Des chevaux, des chiens de race,
Je chassais tout à la fois
Daim, chevreuil, lièvre et bécasse;
J'avais alors un fin bec
Que j' nourrissais d' viande fine,
Si j' mang' maint'nant, du bifsteck
Sec comm' des s'mell's de bottines,

C'est que, etc.

Ou me voyait à Longchamps
En magnifique équipage ;
J'avais des laquais flambants,
Mon luxe faisait tapage ;
Tout ça maint'nant c'est fini :
Je n' vais mêm' plus en berline,
Et si pour venir ici
J' prend l' tramway d' la ru' d' Lourcine,

C'est que, etc.

VERS AMPHIGOURIQUES

Un jour qu'il faisait nuit, je dormais éveillé,
Tout debout dans mon lit sans avoir sommeillé ;
Les yeux fermés, je vis le tonnerre en silence
Par des éclairs obscurs annoncer sa présence ;
Tout s'enfuit, nul ne bouge, et ce muet fracas
Me fit voir en dormant que je ne dormais pas.

XX...?

ÇA M'EST PARFAIT'MENT ÉGAL

CHANSONNETTE

Crééo par GAILLARD, à l'Eldorado

Paroles de A. CHAULIEU et F. DUCASTEL

Musique de CHARLES POURNY

La Musique se trouve chez LE BAILLY, éditeur, rue Cardinale, 6, à Paris.

De_puis que le_monde est

mon_de, Cha_cun voit dif_fé_rem_

_ment; Jules ap_plau_dit,_Tho_mas

gron_de, Se_lon son tem_pé_ra_

_ment. Moi, ja_mais rien n'me cha_

_gri_ne, Çà va bien, ou çà va

1º Tempo.

mal! Quand je bois ma p'tit' cho_

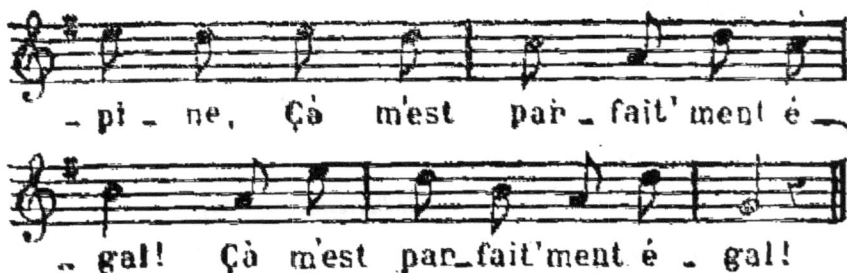

_ pî _ ne, Çà m'est par_fait'ment é_
_ gal! Çà m'est par_fait'ment é _ gal!

Depuis que le monde est monde,
Chacun voit différemment :
Jule applaudit, Thomas gronde,
Selon son tempérament.
Moi, jamais rien n'me chagrine,
Ça va bien ou ça va mal !
Quand je bois m'a p'tit' chopine
Ça m'est parfait'ment égal ! (*Bis.*)

A trente ans, c'est le bel âge,
L'homme est en plein dans sa fleur,
Alors il lui prend la rage
D' se marier — pour son malheur !
Pas d' danger que j' tent' l'épreuve,
Je n' tiens pas au conjugal :
Les d'moisell's, les femm's, les veuves,
Ça m'est parfait'ment égal !... (*Bis.*)

Chacun veut, sur cette terre,
Trouver l' moyen d' parvenir,
D'êtr' banquier, propriétaire,
D' fair' sa p'lotte et d' s'enrichir ;
Que j' possèd' dans ma sacoche
Plus ou moins d' ce vil métal,
Quand j'ai cent sous dans ma poche,
Ça m'est parfait'ment égal !... (*Bis.*)

Je n' comprends pas qu'on s'attriste

Parc' que, pendant vingt-huit jours,
Faut aller comm' réserviste
Manœuvrer loin d' ses amours,
Parc' qu'avec arm's et bagage
On va trimer comme un ch'val...
Moi, comm' j'ai dépassé l'âge,
Ça m'est parfait'ment égal !... (*Bis.*)

L'autre jour, près d' la Villette,
Je vois un grand attroup'ment,
Puis un Monsieur qu'on arrête,
J' demand' quel est c't évén'ment?
On m' répond : c'est un' mégère,
Qu' son gendr' vient d' fich' dans l' canal!...
Alors, si c'est un' bell'-mère,
Ça m'est parfait'ment égal !... (*Bis.*)

Lorsque je vois dans la rue
Un vieillard tendre la main,
Malgré moi j'ai l'âme émue,
En songeant qu'il manqu' de pain...
Qu'import' d'où vient sa misère?
L' soulager, v'là l' principal :
L' reste n'est pas mon affaire,
Ça m'est parfait'ment égal !... (*Bis.*)

Y en a qui r'cherch'nt chez la femme
Des ch'veux blonds, châtains ou noirs,
La bouch' en cœur, un' belle âme,
L'œil brillant comme un miroir;
Moi, qu'ell' soit brun' ou carotte,
D' caractèr' triste ou jovial,
Du moment qu'ell' cir' mes bottes,
Ça m'est parfait'ment égal !... (*Bis.*)

Dans chaqu' journal on peut lire,
(Est-ce à raison, est-ce à tort?..)
Qu'à la tribun' on s' déchire

Sans pouvoir se mettr' d'accord.
Je n'lis pas leur polémique,
L' travail! v'là mon idéal !
Mais quant à leur politique,
Ça m'est parfait'ment égal !... (*Bis.*)

J' suis doué d'un propriétaire
Qui, chaqu' trimestr' sans manquer
Gratifi' chaqu' locataire
D'une augmentation d' loyer.
Sans qu'ça m'écorch' l'épiderme
J' vois arriver l' jour fatal :
Comm' je n' pai' jamais mon terme,
Ça m'est parfait'ment égal !... (*Bis.*)

Pour rétablir nos finances,
— Ce projet n'est pas si sot —
Il paraît qu' bientôt en France,
Chacun paîra son écot ;
Il y a des gens qu'épouvante
L'impôt sur le Capital ;
Moi, comm' j' n'ai pas un sou d' rente,
Çà m'est parfait'ment égal !... (*Bis.*)

LA MARSEILLAISE DE LA PAIX
OU LES SOLDATS DU TRAVAIL

Chantée par Mme **BORDAS**, au Grand-Concert-Parisien
Paroles de ÉTIENNE DUCRET
Musique de ROUGET DE L'ISLE.

*La Musique se trouve chez LE BAILLY, Éditeur,
rue Cardinale, 6, à Paris.*

Soldats du gai *Travail*, serrons nos bataillons,
Marchons! Marchons!
Que le Progrès féconde nos sillons.

Enfants de la France nouvelle,
Voici le jour tant désiré :
Sur nos fronts la Paix fraternelle
Agite son rameau sacré... (*Bis.*)
Entendez-vous, gens des campagnes,
Vibrer, de la ville au faubourg,
Ce chant d'espérance et d'amour
Que redit l'écho des montagnes ?

    Soldats du gai Travail, etc.

Quoi ! le Sophisme et l'Arbitraire,
Comme au temps néfaste des rois,
D'une Nation grande et fière
Usurperaient encor les *Droits*!.. (*Bis.*)
Eh quoi ! nous irions nous soumettre
Au joug honteux d'un *Machiavel*,
Quand, par le *Vote universel*,
Nous pouvons nous régir sans maître?

    Soldats du gai Travail, etc.

Paysan, notre belle France
Qui te doit sa vitalité,
Est la terre de délivrance,
Le berceau de l'Égalité. (*Bis.*)
Jadis, manant, bête de somme
Pour d'autres peinant comme un bœuf,
Souviens-toi qu'en *Quatre-vingt-neuf,*
La République t'a fait homme...

    Soldats du gai Travail, etc.

Plus de discorde, d'égoïsme !
Tous pour chacun, chacun pour tous...
Le républicain catéchisme
Dit aussi : « *Frères, aimez-vous !* » (*Bis.*)
Au pur flambeau de la science
Retrempant notre esprit gaulois,

Que du Devoir les douces lois
Règlent notre Sainte-Alliance...

Soldats du gai Travail, etc.

Républicain!... ce nom veut dire :
Courageux, probe, intelligent,
Bon, loyal, ami du franc rire,
Préférant l'*honneur* à l'argent !... **(Bis.)**
Faux ouvrier, toi qui te vautres
Dans la débauche et la boisson,
Brute sans cœur et sans raison,
Arrière !.. tu n'es pas des nôtres !..

Soldats du gai Travail, etc.

Oui, la Paix !... Ne rêvant la guerre
Que pour défendre le pays,
A tous les peuples de la terre
Portons de sublimes défis !... **(Bis.)**
Des lauriers de la tyrannie
Méprisant les sanglants fleurons,
Sois la *reine des nations*,
O ma France, par ton génie !

Soldats du gai Travail, etc.

Pour renverser tout ce qui tue :
Sabres, boulets, brandons, fusils,
A nous : Vapeur, Creuset, Charrue,
Plume, Burins, Pinceaux, Outils !.. **(Bis.)**
Aux sifflements de la couleuvre
Des Tartufes et des Pédants,
Enfants du *Dieu des bons vivants*,
Nous répondons par des chefs-d'œuvre.

Soldats du gai Travail, etc.

*Amour sacré de la Patrie,
Soutiens nos bras, guide nos cœurs.
Par l'*Instruction*, l'*Industrie*
Assure-nous des jours meilleurs !.. **(Bis.)**

Que l'oriflamme tricolore,
Arc-en-ciel de l'humanité,
D'un pôle à l'autre, ô Liberté,
Annonce ta brillante aurore !

    Soldats du gai Travail, etc.

  « *Nous entrerons dans la carrière*
Quand nos aînés n'y seront plus...
Nous y trouverons leur poussière
Et la trace de leurs vertus... » (*Bis.*)
Vers l'Idéal qui nous appelle,
Même par delà le cercueil,
Nous saurons tous, avec orgueil,
Suivre leur phalange immortelle...

    Soldats du gai Travail, etc.

O toi qui sauvas du naufrage
Notre navire qui sombrait,
RÉPUBLIQUE, à toi notre hommage !...
Ah ! si quelqu'un te menaçait... (*Bis.*)
Des fois si la horde servile
Osait entraver ton essor,
La France rugirait encor
Ce refrain de *Rouget de l'Isle* :

  « *Aux armes, Citoyens, formez vos bataillons !*
    Marchons, Marchons,
  Qu'un sang impur abreuve nos sillons ! »

**N. B. — En public, on peut ne chanter
que quatre couplets, et les varier à volonté.**

FIN.

Paris. — Imprimerie Arnous de Rivière, rue Racine, 26.

www.ingramcontent.com/pod-product-compliance
Lightning Source LLC
Chambersburg PA
CBHW060628100426
42744CB00008B/1538